Sammlung
Außerdeutscher Strafgesetzbücher

Herausgegeben

von

Professor Dr. Adolf Schönke

Institut für ausländisches und internationales Strafrecht

Universität Freiburg/Br.

LVII.

Tschechoslowakisches Strafgesetzbuch
vom 12. Juli 1950

Berlin 1952

Walter de Gruyter & Co.

vormals G. J. Göschen'sche Verlagshandlung — J. Guttentag, Verlagsbuchhandlung — Georg Reimer — Karl J. Trübner — Veit & Comp.

Das
Tschechoslowakische Strafgesetzbuch
vom 12. Juli 1950

In deutscher Übertragung
mit einer Einleitung von

Dr. Erich Schmied
Privatdozent
Regierungsrat in Stuttgart

Gedruckt mit Unterstützung der Gesellschaft für Rechtsvergleichung

Berlin 1952

Walter de Gruyter & Co.
vormals G. J. Göschen'sche Verlagshandlung — J. Guttentag, Verlagsbuchhandlung —
Georg Reimer — Karl Trübner — Veit & Comp.

Archiv-Nr. 246352/57
Satz und Druck: Buchkunst, Berlin W 35

Inhalt

Einleitung.

1. Die erste Republik.

Die Tschechoslowakische Republik wurde am 28. 10. 1918 gegründet. Mit Gesetz Nr. 11 vom 28. 10. 1918 beschloß der tschechoslowakische Nationalausschuß, daß alle auf dem Staatsgebiet bisher gültigen Reichs- und Landesgesetze und Verordnungen vorläufig weiter in Kraft bleiben. Damit übernahm der neue Staat auf dem Boden der historischen Länder Böhmen, Mähren und Schlesien und in den angegliederten niederösterreichischen Gebieten von Weitra und Feldsberg das österreichische, auf dem Boden der Slowakei und Karpathorußlands das ungarische Strafrecht. In dem angegliederten Hultschiner Ländchen, das bis dahin zum Deutschen Reich gehört hatte, galt noch bis 1. 5. 1920 das reichsdeutsche Strafrecht, dann wurde das in den historischen Ländern geltende Strafrecht eingeführt.

Das österreichische Strafrecht beruhte im wesentlichen auf dem „Strafgesetz über Verbrechen, Vergehen und Übertretungen" (Ksl. Patent vom 27. 5. 1852, RGBl. Nr. 117). Das ungarische Strafrecht beruhte auf dem Strafgesetz über Verbrechen und Vergehen, Ges.-Art. V aus dem Jahre 1878 und dem Gesetz über Übertretungen, Ges.-Art. XL aus dem Jahre 1879. Für das Militärstrafrecht galt im ganzen Staatsgebiet das österreichische Militärstrafgesetz vom 15. 1. 1855, RGBl. Nr. 19, abgeändert durch Gesetz Nr. 556/19. Dazu kamen auf jedem Rechtsgebiet zahlreiche Nebengesetze.

a) Strafgesetzentwürfe.

Bald nach Gründung des Staates setzten Bestrebungen ein, das zersplitterte Strafrecht durch ein neues einheitliches tschechoslowakisches Strafrecht zu ersetzen, das den veränderten staatsrechtlichen Verhältnissen und den Anforderungen moderner Strafrechtswissenschaft Rechnung trüge.

Der Entwurf 1921. Im Mai 1921 war der „Vorentwurf des allgemeinen Teils eines tschechoslowakischen Strafgesetzes" fertiggestellt. Er erschien auch in amtlicher deutscher Übersetzung. Die Beratungen über den besonderen Teil dauerten bis zum Jahre 1924; sie zeigten die Notwendigkeit, den allgemeinen Teil noch einmal umzuarbeiten.

Einleitung.

Der Entwurf 1926 bestand aus dem Entwurf eines Gesetzes über Verbrechen und Vergehen und eines Gesetzes über Übertretungen. Er erschien auch in amtlicher deutscher und französischer Übersetzung. Er enthielt zahlreiche tiefgreifende Neuerungen. Von besonderem Interesse ist die Dreiteilung der Schuldformen. Unter dem Einfluß der Lehren Löfflers und Miřičkas wurde die Schuld gegliedert in Absicht, Wissentlichkeit und Fahrlässigkeit. Die bewußte Fahrlässigkeit wurde als „grobe Fahrlässigkeit" bezeichnet. Die Zuweisung der Fälle des dolus eventualis zur Fahrlässigkeit hatte zur Folge, daß sich die Zahl der Fahrlässigkeitsdelikte erheblich vermehrte. Der Entwurf 1926 wurde nicht Gesetz, da er mit seinen zahlreichen Neuerungen angeblich eine zu starke Belastung der staatlichen Finanzen mit sich gebracht hätte. Die Justizverwaltung arbeitete einen neuen Entwurf aus.

Der Entwurf 1937, der nicht veröffentlicht wurde, bezweckte weniger grundlegende Neuerungen als vielmehr eine Vereinheitlichung des zersplitterten Strafrechts. Zahlreiche Bestimmungen der geltenden Strafgesetze wurden unverändert in den Entwurf eingearbeitet, so z. B. Bestimmungen des Republikschutzgesetzes, des Gesetzes zum Schutze der Ehre, des Sprengstoffgesetzes. An der überkommenen Trichotomie (Verbrechen, Vergehen, Übertretungen) wurde festgehalten. Auch die Übertretungen sind gerichtlich strafbar. Sie finden sich im Entwurf nicht in einem besonderen Teil abgesondert, sondern dort, wo sie ihrer Materie nach hingehören. Die Dreiteilung der Schuldformen, die inzwischen in mehreren Nebengesetzen praktisch erprobt worden war, wurde wieder fallen gelassen; es blieb bei den beiden Schuldformen des Vorsatzes und der Fahrlässigkeit. „Grobe Fahrlässigkeit" wird angenommen, „wenn der Schuldige nicht einmal ein solches Maß von Vorsicht, das er im Hinblick auf seinen Beruf oder seine Stellung leicht aufwenden kann, beachtet"; sie kann sonach auf dem Gebiet sowohl der bewußten als auch der unbewußten Fahrlässigkeit liegen. Der Besondere Teil spiegelt die steigenden politischen Spannungen wider. Unter den zahlreichen Bestimmungen zum Schutze des Staates findet sich auch der Tatbestand des „öffentlichen Hetzens". Die Abtreibung wird praktisch nahezu freigegeben. Unzucht mit Personen desselben Geschlechts bleibt strafbar. Die Begründung des Entwurfs nimmt zur Frage der Sterilisation und Kastration ausdrücklich in positivem Sinne Stellung, behält die Regelung aber einem besonderen Gesetze vor, „weil unsere öffentliche Meinung noch nicht auf diese Art von Verbrechensbekämpfung vorbereitet ist". Mehrere Bestimmungen dienen einer wirksameren Bekämpfung der rückfälligen und Berufs-Verbrecher. Das Militärstrafrecht ist in dem Entwurf nicht enthalten, sondern sollte einem besonderen Militärstrafgesetz vorbehalten bleiben, das im Jahre 1938 im Entwurf fertiggestellt war. Der Strafgesetzentwurf 1937 sollte zum 20jährigen Jubiläum der Republik, am 28. 10. 1938, der Nationalversammlung vorgelegt werden. Infolge der politischen Ereignisse kam es hierzu jedoch nicht mehr.

b) Gesetze 1918—1938.

Während der Dauer der ersten Republik ergingen zahlreiche Strafgesetze, die in der „Sammlung der Gesetze und Verordnungen" in amtlicher deutscher Übersetzung erschienen sind. Unter diesen sind hervorzuheben:

269/19 Gesetz über die Fälschung von Geld und Wertpapieren.

562/19 Gesetz über die bedingte Verurteilung und die bedingte Entlassung i. d. F. des Ges. 134/24.

568/19 Gesetz über die Bestrafung des Kriegswuchers i. d. F. des Ges. 80/24.

193/20 Wehrgesetz i. d. F. der Kundmachung des Ministers für nationale Verteidigung 303/34.

284/20 Gesetz, mit welchem Vorschriften über den Vollzug der Strafen auf Grund des österreichischen Strafgesetzes in den Gebieten des ungarischen Rechts und umgekehrt erlassen wurden.

309/21 Gesetz gegen die Nötigung und zum Schutze der Versammlungsfreiheit. Bedeutsam für die Frage der Strafbarkeit von Streik, Aussperrung und Boykott. Bestimmungen, inwieweit die Vereitelung oder Störung einer Versammlung strafbar ist. Einführung des Tatbestandes der Nötigung, der dem österreichischen Recht fremd war.

71/22 Gesetz betr. die Auswanderung. Strafbar ist die Verleitung zur Auswanderung, Gefährdung Jugendlicher durch Anwerbung ins Ausland, Frauenhandel.

241/22 Gesetz über die Bekämpfung der Geschlechtskrankheiten. Verbot der Errichtung und Haltung von Bordellen. Strafbarkeit der Aufforderung zur Unzucht und des Ärgernis erregenden Betreibens der Unzucht.

7/23 Gesetz zum Schutz der Währung und des Umlaufs der gesetzlichen Zahlungsmittel.

9/23 Radiogesetz.

50/23 Gesetz zum Schutz der Republik i. d. F. der Ges. 124/33, 140/34, 130/36. Hochverrat und Landesverrat als „Anschläge gegen die Republik". Zahlreiche Tatbestände zum Schutz der Republik. Harte Strafen. Der politische Verbrecher wird vielfach schlechter gestellt als der gemeine Verbrecher. Das Gesetz nimmt Tatbestände vorweg, deren Einarbeitung in das neue StGB schon damals vorgesehen war.

124/24 Gesetz betr. die Änderung der Zuständigkeit der Strafgerichte und der Verantwortlichkeit für den Inhalt von Druckschriften in Angelegenheiten der falschen Anschuldigung, der Verleumdung und von Ehrenbeleidigungen, i. d. F. der Kundmachung des Justizministers 145/33. Pressegesetznovelle zum Pressegesetz 6/1863.

178/24 Gesetz über das Bestechungswesen und gegen die Verletzung des Amtsgeheimnisses. Ergänzung der Tatbestände des StGB über die aktive und passive Bestechung.

218/26 Gesetz betr. das Urheberrecht an Werken der Literatur, Kunst und Photographie (Autorrecht).

111/27 Gesetz gegen unlauteren Wettbewerb. Strafbestimmungen gegen den Verrat von Geschäfts- und Produktionsgeheimnissen. Der Schutz der Wirtschaft wird aber dem Interessenstreit der Privatunternehmer überlassen: Privatklage.

117/27 Gesetz betr. die umherziehenden Zigeuner. DVO 68/28.

111/28 Gesetz über die Tilgung der Verurteilung.

102/29 Gesetz betr. die Errichtung von Zwangsarbeitskolonien. Die bisher bestehenden Arbeitsanstalten (öst. Ges. 89/1885, ung. Ges. XXI/1913) waren geschlossene Anstalten. Die Gewohnheitsverbrecher sollen in den Zwangsarbeitskolonien durch zweckmäßige und ausdauernde Arbeit zu einem arbeitsamen und geordneten Leben erzogen werden.

4/31 Unterhaltsgesetz. Zivil- und strafrechtliche Sanktionen zugunsten unterhalts-, erziehungs- und versorgungsberechtigter Personen.

48/31 Gesetz über die Jugendstrafgerichtsbarkeit. — DVO 195/31.

123/31 Gesetz über das Staatsgefängnis. Die politische Straftat soll eine begünstigte Sonderstellung einnehmen. Einführung der Freiheitsstrafe des Staatsgefängnisses für gewisse politische Straftaten. Der Ausdruck „politische" Straftat wird jedoch vermieden. Das Gesetz erlangte nur wenig praktische Bedeutung.

108/33 Gesetz über den Schutz der Ehre. Umfassender Ehrenschutz.

126/33 Gesetz betr. die Abänderung und Ergänzung der Preßgesetze, abgeändert und ergänzt durch Ges. 140/34. Politisches Gesetz zum Schutz des Staates gegen kommunistische und faschistische Propaganda und zum Schutze der Jugend gegen Schund- und Schmutzliteratur. — DVO 229/34.

36/34 Gesetz betr. die strafrechtliche Verfolgung des Präsidenten der Republik und der Mitglieder der Regierung.

91/34 Gesetz über die Todesstrafe und lebenslängliche Strafen. Für sparsamere Anwendung der Todesstrafe.

115/34 Gesetz über Umtriebe bei der Vergebung öffentlicher Lieferungen und Arbeiten.

71/35 Gesetz über Wirtschaftsspionage. Schutz der heimischen Industrie gegen Verrat ihrer Wirtschaftsgeheimnisse, gegen Verschleppung ins Ausland, gegen die Ausschaltung heimischer Erzeugnisse auf dem Weltmarkt. „Wirtschaftsgeheimnis" ist ein Geschäfts- oder Produktionsgeheimnis, dessen Geheimhaltung nicht nur im Interesse eines bestimmten Unternehmens, also im Privatinteresse, sondern in einem wichtigen öffentlichen Interesse liegt. §§ 2, 3 wenden sich auch gegen den Verrat eines Wirtschaftsgeheimnisses durch dessen Eigentümer. Die Tatbestände haben gewisse Ähnlichkeit mit militärischem Verrat nach dem Republikschutzgesetz. Ausländer sind wegen Wirtschaftsspionage auch dann strafbar, wenn die Tat im Ausland begangen wurde. Große praktische Bedeutung des Gesetzes.

82/35 Gesetz über den Schutz und die Verteidigung gegen Fliegerangriffe (Luftschutzgesetz).

32/36 Internat. Übereinkommen vom 11. 10. 1933 über die Unterdrückung des Handels mit erwachsenen Frauen.

130/36 Gesetz betr. die Abänderung und Ergänzung des Gesetzes zum Schutz der Republik (Militärverratsnovelle).

131/36 Gesetz zur Verteidigung des Staates. Das 200 Paragraphen umfassende Gesetz betrifft wie kein anderes csl. Gesetz alle Gebiete des öffentlichen und Privatrechts. Sein Schwerpunkt liegt weniger auf dem Gebiet des Strafrechts als auf dem Gebiet des Wirtschaftsrechts.

184/37 Gesetz über die Wehrerziehung. Strafbar ist schon, wer die Wehrerziehung herabwürdigt oder lächerlich macht (§ 56).

29/38 Opiumgesetz, in Durchführung der Intern. Opium-Übereinkommen.

81/38 Gesetz über Waffen und Munition. Aufhebung des Waffenpatents 223/1852.

2. Sudetenland, Protektorat, Slowakei.

In der Zeit vom 1. bis 10. Oktober 1938 wurde das Sudetenland und am 15. März 1939 der tschechisch-sprachige Teil der CSR von deutschen Truppen besetzt. Die sudetendeutschen Gebiete wurden auf Grund des Erlasses des Führers und Reichskanzlers vom 1.10.1938 in reichsdeutsche Verwaltung übernommen. Aus den tschechischen Gebieten wurde durch Erlaß des Führers und Reichskanzlers vom 16.3.1939 das autonome „Protektorat Böhmen und Mähren" gebildet, das zum Gebiet des Großdeutschen Reiches gehörte. Die sudetendeutschen und die volksdeutschen Bewohner des Protektorats wurden deutsche Staatsangehörige und Reichsbürger. Sie unterstanden uneingeschränkt deutscher Gerichtsbarkeit. Nach der deutschen VO vom 16. 1. 1939 (dt. RGBl. I 38) galten ab 1. 3. 1939 in den sudetendeutschen Gebieten das deutsche StGB und die deutschen Strafgesetze; das bisherige csl. Strafrecht blieb nur soweit in Kraft, als das deutsche Recht keine gleichen oder entsprechenden Vorschriften enthielt. Im Protektorat galten nebeneinander deutsches Recht und tschechisches Protektoratsrecht; es gab nebeneinander deutsche und tschechische Gerichte. Nach der VO über die Ausübung der Strafgerichtsbarkeit im Protektorat Böhmen und Mähren vom 14. 4. 1939 (dt. RGBl. I 754) i. d. F. vom 18. 9. 1939 (dt. RGBl. I 1945) galt hier für alle deutschen Staatsangehörigen grundsätzlich das deutsche StGB und gewisse deutsche Strafgesetze. Das frühere csl. Strafrecht und das neue tschechische Protektoratsrecht galt für deutsche Staatsangehörige nur insoweit, als das deutsche Recht keine gleichen oder entsprechenden Vorschriften enthielt. So galt z. B. die VO der tschechischen Protektoratsregierung vom 4. 7. 1939 über den Schutz des Umlaufs der gesetzlichen Zahlungsmittel, Nr. 157, auch für deutsche Staatsangehörige und war auch von deutschen Gerichten im Protektorat anzuwenden. Straftaten von tschechischen Protektoratsangehörigen und anderen nichtdeutschen Personen wurden im Protektorat von den tschechischen Protektoratsgerichten nach csl. Strafrecht, bzw. nach dem neuen (tschechischen) Protektoratsstrafrecht geahndet. Nur bestimmte Straftaten, die sich gegen das Deutsche Reich, das nat.-soz. Regime oder gewisse deutsche, vorwiegend politische und militärische Interessen richteten, wurden auch bei nichtdeutschen Staatsangehörigen des Protektorats von deutschen Gerichten nach deutschem Strafrecht geahndet. Dem Schutz vorwiegend politischer Interessen diente auch die Befugnis der deutschen Gerichte im Protektorat, die bei tschechischen Gerichten anhängigen Strafsachen an sich zu ziehen und zu entscheiden.

Am 2. 10. 1938 besetzten polnische Truppen das csl. Industriegebiet von Teschen; nach der Angliederung des Gebiets an Polen wurde dort das polnische Strafrecht eingeführt.

Am 5. 11. 1938 besetzten ungarische Truppen auf Grund des Wiener Schiedsvertrags vom 2. 11. 1938 die vorwiegend von magyarischen Volkszugehörigen bewohnten Teile der Slowakei und Karpathorußlands. Die restlichen Teile dieser Länder wurden selbständige Staaten; sie bildeten mit der Resttschechei nur mehr einen losen Bundesstaat. Am 14. 3. 1939 lösten sie sich aus dem Staatsverband und erklärten sich selbständig. Der Slowakische Staat übernahm das bisher in der Slowakei geltende ungarische und csl. Strafrecht. Für die Deutschen in der Slowakei galt eine ähnliche Sonderregelung wie im Protektorat. Bis 1945 wurden mehrere Nebenstrafgesetze erlassen; ein eigenes slowakisches StGB, das geplant war, kam jedoch nicht zustande. Karpathorußland wurde Ende März 1939 von ungarischen Truppen besetzt. Auf Grund des Wiener Schiedsspruchs vom 29. 8. 1939 wurde es an Ungarn angegliedert; es übernahm ungarisches Strafrecht.

3. Die zweite Republik.

Während des Krieges bildete sich im Ausland eine csl. Exilregierung, an deren Spitze Benesch stand, der ehemalige Präsident der CSR, der am 5. 10. 1938 auf sein Amt verzichtet hatte und dann emigriert war. Am 21. 7. 1940 erließ er das Londoner Verfassungsdekret Nr. 1 über die Errichtung eines Staatsrats als beratender Körperschaft der vorläufigen Regierung der CSR. Das Verfassungsdekret Nr. 2 vom 15. 10. 1940 über die vorläufige Ausübung der gesetzgebenden Gewalt wurde als Rechtsgrundlage für die weiteren Dekrete des Präsidenten der Republik angesehen. Diese erschienen in einem besonderen „Csl. Amtsblatt“ in tschechischer Sprache in London. Durch das Verfassungsdekret Nr. 11 des Präsidenten der Republik vom 3. 8. 1944 über die Erneuerung der Rechtsordnung wurden alle strafrechtlichen Vorschriften, die unmittelbar vor Auflösung der CSR bestanden hatten, wieder in Kraft gesetzt und alle seither „während der Zeit der Unfreiheit“ erschienenen Rechtsvorschriften für ungültig erklärt.

Als mit dem Rückzug der deutschen Truppen die Rote Armee in Karpathorußland erschien, sprachen sich am 26. 11. 1944 die Repräsentanten des neugebildeten Nationalausschusses in Munkacs für einen Anschluß an die Ukraine aus. Am 29. 6. 1945 wurde zwischen der UdSSR und der CSR ein „Vertrag über die „Transkarpathen-Ukraine“ geschlossen (Sb. Nr. 186/46), wonach die CSR auf den Teil Karpathorußlands verzichtete, der am 29. 1. 1945 von sowjetrussischen Truppen besetzt war. Damit wurde der größte Teil Karpathorußlands an die UdSSR abgetreten, die dieses Gebiet als „Transkarpathen-Ukraine“ in die Ukrainische Sozialistische Sowjetrepublik eingliederte. Es wurde dort das in der Ukraine geltende Strafrecht eingeführt.

Nach dem Siege der Alliierten über Deutschland wurde die CSR in ihren alten Grenzen wiedergeschaffen. Nur die Transkarpathen-Ukraine verblieb der UdSSR. Anders als im Jahre 1918 wurde im Jahre 1945 nicht die bisherige Rechtsordnung übernommen. Durch Kundmachung des csl. Innenministers vom 27. 7. 1945, Sb. Nr. 30, wurde vielmehr das Verf.-Dekret des Präs. d. Rep. vom 3. 8. 1944 veröffentlicht, über dessen Inhalt schon oben berichtet wurde. Das Dekret wurde später bestätigt, ergänzt und abgeändert durch Gesetz vom 19. 12. 1945, Sb. Nr. 12/46. Danach werden alle csl. Rechtsvorschriften, die bis einschließlich 29. 9. 1938 erlassen wurden, als geltende Rechtsordnung erklärt. Die deutschen und ungarischen Rechtsvorschriften, durch welche diese Vorschriften aufgehoben, abgeändert und ergänzt wurden, sind damit ungültig. Überhaupt werden alle strafrechtlichen Vorschriften, die „während der Zeit der Unfreiheit“ auf dem Gebiet der CSR erlassen wurden, für ungültig erklärt. Die „Zeit der Unfreiheit“ wurde durch Reg.VO 31/45 auf die Zeit vom 30. 9. 1938 bis 4. 5. 1945 festgesetzt.

a) Dekrete und Gesetze 1945—1948.

Die ersten Rechtsvorschriften der neuen CSR erschienen als „Dekrete des Präsidenten der Republik“. Die dem csl. Recht bisher fremde Bezeichnung „Dekrete“ sollte wohl an die Dekrete der französischen Revolution und vor allem an die berühmten Dekrete der revolutionären Periode in Rußland anklingen. Es handelt sich um diktatorische Maßnahmen, eine Art Verordnungen mit vorläufiger Gesetzeskraft; bei Verfassungsdekreten um Verordnungen mit der Wirksamkeit von Verfassungsgesetzen. Wie in der Sowjetunion bedurften auch hier die Dekrete einer nachträglichen Bestätigung als Gesetze (Ratihabition) durch die gesetzgebenden Körperschaften, sobald diese gebildet sind. Diese Bestätigung erfolgte durch das Verfassungsgesetz vom 28. 3. 1946, Sb. Nr. 57: „Alle Dekrete des Präsidenten der Republik sind von ihrem Anfang an als Gesetze anzusehen; die Verfassungsdekrete sind als Verfassungsgesetze anzusehen.“

Die ersten Dekrete der neuen CSR galten der Abrechnung mit den politischen Gegnern. Als Dekrete von strafrechtlicher Bedeutung sind vor allem zu erwähnen:

1. Das Dekret des Präs. d. Rep. v. 19. 5. 1945, Sb. Nr. 5, über die Ungültigkeit einiger vermögensrechtlicher Handlungen

aus der Zeit der Unfreiheit und über die nationale Verwaltung der Vermögenswerte von Deutschen, Magyaren, Verrätern und Kollaborateuren sowie von einigen Organisationen und Anstalten. —

Nach § 2 dieses Dekrets wird das gesamte Vermögen der „staatlich unzuverlässigen Personen" in nationale Verwaltung übernommen. Staatlich unzuverlässig sind „Personen deutscher oder magyarischer Nationalität" (§ 4). „Nationalität" bedeutet Volkszugehörigkeit. Die nationale Verwaltung wird ausgeübt durch die Nationalausschüsse und die von ihnen eingesetzten „nationalen Verwalter". Wer Bestimmungen dieses Dekrets verletzt oder umgeht, oder die Tätigkeit eines nationalen Verwalters stört oder unmöglich macht, wird mit Freiheitsstrafe bis zu fünf Jahren und Geldstrafe bis zehn Millionen Kronen bestraft.

2. Das Dekret des Präs. d. Rep. v. 19. 6. 1945, Sb. Nr. 16, über die Bestrafung der nazistischen Verbrecher, der Verräter und ihrer Helfer und über die außerordentlichen Volksgerichte (Retributionsdekret).

   Das Dekret wurde genehmigt, abgeändert und ergänzt durch die Gesetze Sb. Nr. 22/46 und 245/46, in neuem Wortlaut veröffentlicht durch Kundm. d. Justizministers Sb. Nr. 9/47, und abermals abgeändert durch Ges. 33/48.

   Das Dekret bezweckte, „das nazistische und faschistische Übel von der Wurzel aus auszurotten". In der Präambel des Dekrets ist von der „gesteigerten viehischen Art der Deutschen" die Rede. Nach § 1 wird mit dem Tode bestraft, wer „zur Zeit erhöhter Gefährdung der Republik" auf dem Gebiete der Republik oder außerhalb bestimmte Straftaten nach dem Republikschutzgesetz begangen hat. Die Tatsache, daß das Republikschutzgesetz „in der Zeit erhöhter Gefährdung der Republik", d. h. 1938—1945, außer Kraft gesetzt war, wird nicht anerkannt. Auf diese Zeit stellen alle Tatbestände des Dekrets ab; ihr Beginn wurde auf 21. 5. 1938 festgesetzt. Wer in dieser Zeit Mitglied der SS oder gewisser anderer politischer Organisationen war, wird mit schwerem Kerker von 5 bis 20 Jahren, unter besonders erschwerenden Umständen mit schwerem Kerker von 20 Jahren bis lebenslang bestraft (§ 2.) Die gleiche Strafe oder die Todesstrafe trifft denjenigen, der in dieser Zeit eine faschistische oder nazistische Bewegung propagierte oder unterstützte (§ 3 Abs. 1). Mit schwerem Kerker von 5 bis 20 Jahren wird bestraft, wer Amtswalter oder Befehlsträger in der NSDAP oder in der Sudetendeutschen Partei oder in gewissen slowakischen oder anderen Organisationen war (§ 3 Abs. 2) oder als csl. Staatsbürger im Ausland gegen die csl. Freiheitsbewegung arbeitete (§ 4). Drakonische Strafen treffen denjenigen, der im Dienste oder Interesse Deutschlands oder eines mit Deutschland Verbündeten oder einer der Republik feindlichen Bewegung gewisse Straftaten begangen hat (§ 5). Wer zum Vorteil der Kriegsmacht Deutschlands oder dessen Verbündeten eine Zwangs- oder Pflichtarbeit angeordnet hat oder bei der Herausgabe oder Vollziehung einer solchen Anordnung mitgewirkt hat, wird mit schwerem Kerker von 5 bis 10 Jahren, und wenn die Arbeit im Ausland oder an gefährlichen Orten zu leisten war, mit schwerem Kerker von 10 bis 20 Jahren bestraft (§ 6). Wer durch ein Gerichtsurteil, eine Verwaltungsanordnung oder durch eine Entscheidung irgendwelcher Art, oder durch deren Vollziehung den Tod, eine schwere Körperbeschädigung, die Deportation oder gewisse andere schwere Folgen für einen Bewohner der Republik herbeigeführt hat, wird mit dem Tode bestraft; hat er auch nur einen Vermögensnachteil herbeigeführt, so kann er doch schon mit schwerem Kerker von 10 bis 20 Jahren und unter besonders erschwerenden Umständen mit lebenslangem schweren Kerker bestraft werden. Wer eine durch die nationale, politische oder rassische Verfolgung verursachte Notlage dazu ausnutzte, um sich auf Kosten des Staates, einer juristischen oder physischen Person zu bereichern, wird mit schwerem Kerker von 5 bis 10 Jahren bestraft. „Wer unter Ausnutzung der durch die feindliche Besatzung herbeigeführten Lage einen anderen wegen einer wirklichen oder angeblichen Tätigkeit angezeigt hat", wird mit schwerem Kerker von 5 bis 10 Jahren bestraft. Wenn durch eine solche Denunziation die Freiheit eines csl. Staatsbürgers verlorenging, ist die Strafe schwerer Kerker von 10 bis 20 Jahren. Wegen der im Retributionsdekret angeführten Straftaten sind auch Ausländer strafbar, wenn sie die strafbaren Handlungen gegen einen csl. Staatsbürger oder gegen csl. Eigentum begangen haben. § 13 bestimmt:

„1. Eine nach diesem Dekret strafbare Handlung wird nicht dadurch gerechtfertigt, daß sie durch Vorschriften eines anderen als des csl. Rechts oder durch Organe, die durch eine andere als die csl. Staatsgewalt eingesetzt wurden, angeordnet oder erlaubt wurde. Es liegt auch kein Entschuldigungsgrund darin, daß der Täter solche ungültigen Vorschriften für rechtmäßig hielt.

2. Auch die Tatsache, daß der Täter seine Dienstpflicht getan hat, rechtfertigt ihn nicht, wenn er mit besonderem Eifer gehandelt und so in erheblichem Maße den normalen Rahmen seiner Pflichten überschritten hat, oder wenn er mit dem Vorsatz, der Kriegsmacht der Deutschen (oder deren Verbündeten) zu helfen oder der Kriegsmacht der CSR zu schaden, oder aus einem anderen offenbar verwerflichen Beweggrunde gehandelt hat.

3. Unwiderstehlicher Zwang infolge Befehls eines Vorgesetzten entschuldigt niemanden, der freiwillig einer Organisation beigetreten ist, deren Mitgliedschaft zur Ausführung jedes, auch eines verbrecherischen Befehls verpflichtete."

Die Verfolgung der Verbrechen nach dem Retr.-Dekret und ihre Strafvollstreckung unterliegen keiner Verjährung. Das

Dekret war allerdings ein Zeitgesetz, dessen Gültigkeit befristet war. Die Aburteilung der Verbrechen nach dem Retr.-Dekret erfolgte durch die außerordentlichen Volksgerichte. Auf Grund des Retr. - Dekrets wurden durch Dekret 126/45 besondere Zwangsarbeitsabteilungen errichtet. Welche schweren Folgen das Retr.-Dekret für viele, auch harmlose Deutsche hatte und noch immer hat, ist hinreichend bekannt.

3. Das Dekret des Präs. d. Rep. v. 19. 6. 1945, Sb. Nr. 17, über den Nationalen Gerichtshof, abgeändert durch Gesetz 149/46 und 245/46, war ebenfalls ein Zeitgesetz. Der aus sieben Mitgliedern gebildete Nationale Gerichtshof war als Strafgericht für gewisse führende Tschechen (Politiker, Journalisten, Wirtschaftsleute) tätig, welche eine nach dem Retr.-Dekret strafbare Handlung begangen hatten. Es konnte alle Strafen verhängen. Ein Rechtsmittelzug war nicht gegeben. Die Todesstrafe war binnen zwei Stunden nach Verkündung zu vollstrecken; ihre Vollstreckung durfte öffentlich erfolgen. Der Gerichtshof fungierte als Ehrengericht, wenn die obengenannten Personen zwar keine Straftat nach dem Retributionsdekret begangen hatten, jedoch nach dem 21. 5. 1938 „sich nicht gebührend als treue und standhafte csl. Bürger verhalten haben" (§ 4). Der Nationale Gerichtshof und die außerordentlichen Volksgerichte waren bis 4. 5. 1947 in Tätigkeit.

4. Dekret des Präs. d. Rep. v. 31. 7. 1945, Sb. Nr. 38, über strenge Bestrafung von Plünderungen. Die besonderen Verhältnisse in der CSR ließen dieses Dekret notwendig erscheinen, das sich gegen Plünderungen in Grundstücken, die von den Eigentümern verlassen wurden oder durch Fliegerangriffe, Bombardierung oder andere Kriegshandlungen beschädigt wurden, und gegen die Verhehlung geplünderter Sachen richtete.

5. Das Dekret des Präs. d. Rep. v. 8. 8. 1945, Sb. Nr. 62, über Erleichterungen im Strafverfahren, sieht auf materiellrechtlichem Gebiet die Möglichkeit vor, bei Diebstahl, Unterschlagung und Betrug die gesetzlichen Strafsätze zu unterschreiten.

6. Die Dekrete des Präs. d. Rep. und Gesetze über die Nationalisierung (100/45 Gruben, Industrieunternehmen; 101/45 Lebensmittelindustrie; 102/45 Aktienbanken; 103/45 Privatversicherungen; 120/48 Betriebe mit mehr als 50 Arbeitnehmern; 121/48 Bauwesen; u. a.) enthalten Strafbestimmungen gegen Umtriebe, die sich gegen die Nationalisierung richten.

7. Dekret des Präs. d. Rep. v. 27. 10. 1945, Sb. Nr. 138, über die Bestrafung einiger Verfehlungen gegen die nationale Ehre (Kleines Retributionsdekret), abgeändert und ergänzt durch die Gesetze 123/46, 246/46 und 34/48. Das Dekret gehört zum Verwaltungsstrafrecht. Es ist anwendbar nur auf Personen tschechischer oder slowakischer Nationalität oder Herkunft.

§ 1: „Wer zur Zeit erhöhter Gefährdung der Republik durch ungebührliches Verhalten, welches das nationale Gefühl des tschechischen oder slowakischen Volkes verletzte, öffentliches Ärgernis erregte, wird — sofern keine gerichtlich strafbare Handlung vorliegt — durch den Bezirks-Nationalausschuß mit Gefängnis bis zu einem Jahr oder Geldstrafe bis zu 1 Million Kcs oder öffentlicher Rüge oder 2 oder allen diesen Strafen bestraft."

Das Dekret ahndet die politische Zusammenarbeit mit Deutschen oder Magyaren; die Propagierung, Verteidigung, Lobpreisung oder Unterstützung des Nazismus; und sogar gesellschaftlichen Verkehr mit Deutschen und Magyaren, wenn er „die Grenzen unerläßlicher Notwendigkeiten überstieg" (Richtlinien des Innenministers v. 26. 11. 1945).

8. Gesetz vom 8. 5. 1946, Sb. Nr. 115, über die Rechtmäßigkeit von Handlungen, die mit dem Kampf um die Wiedererwerbung der Freiheit der Tschechen und Slowaken zusammenhängen.

„Eine Handlung aus der Zeit zwischen dem 30. 9. 1938 und 28. 10. 1945, die den Zweck hatte, zum Kampf um die Wiedererwerbung der Freiheit der Tschechen und Slowaken beizutragen, oder die auf eine gerechte Vergeltung für Taten der Okkupanten und ihrer Helfer gerichtet war, war auch dann nicht rechtswidrig, wenn sie sonst nach den geltenden Vorschriften strafbar gewesen wäre." (§ 1)

9. Gesetz v. 18. 7. 1946, Sb. Nr. 165, über den strafrechtlichen Schutz der nationalen Unternehmen, der nationalisierten Unternehmen und der Unternehmen unter nationaler Verwaltung.

10. Gesetz v. 13. 2. 1947, Sb. Nr. 15, über die Verfolgung des Schwarzhandels und ähnlicher Umtriebe. (Dazu Richtlinien zur Durchf., hrg. durch Kundm. des Innenministers v. 27. 2. 1947, Amtsbl. I Nr. 345). Das Gesetz umfaßt teils Verwaltungsstraftaten, teils gerichtlich strafbare Handlungen. Eine gerichtlich strafbare Handlung liegt vor, wenn der Täter den Tatbestand einer Verwaltungsstraftat erfüllt, aber weiß, daß er dadurch die Versorgung der Bevölkerung gefährden kann, oder wenn er aus Gewohnheit oder gewerbsmäßig handelt.

11. Gesetz v. 13. 2. 1947, Sb. Nr. 27, über den strafrechtlichen Schutz der Durchführung des Zweijahres-Wirtschaftsplans. Die Strafbestimmungen dieses Gesetzes dienen der Sicherstellung der Durchführung des Ges. 192/46 über den Zweijahres-Wirtschaftsplan.

12. Gesetz v. 9. 5.1947, Sb. Nr. 87, über einige Maßnahmen zur Durchführung der nationalen Mobilisierung von Arbeitskräften; abgeändert und ergänzt durch Ges. 54/48.

13. Gesetz v. 26. 6. 1947, Sb. Nr. 128, Radiogesetz. Es ersetzt im wesentlichen das Radiogesetz 9/1924.

14. Gesetz v. 24. 10. 1947, Sb. Nr. 182, über die Verfolgung von Straftaten gegen den Staat. Über die Anwendbarkeit des Republikschutzgesetzes 50/23.

15. Gesetz v. 3. 2. 1948, Sb. Nr. 23, über den Vollzug der von den Strafgerichten verhängten Vermögensstrafen.

b) Gesetze seit 1948.

Die Regierungskrise in der CSR in der Zeit zwischen 13. und 25. 2. 1948 hatte weitreichende innenpolitische Auswirkungen, die zum Teil revolutionären Charakter trugen. Diese „kommunistische Revolution" wirkte sich bald auch auf dem Gebiete des Strafrechts aus.

Von den seither erschienenen strafrechtlichen Gesetzen sind insbesondere zu erwähnen:

16. Gesetz v. 25. 3. 1948, Sb. Nr. 40, über den strafrechtlichen Schutz gegen Brände.
Das Gesetz ersetzt die Bestimmungen der §§ 166—170, 434—459 StG. Verschärfte Strafen gegen Brandstiftung. Strafbestimmungen gegen Mißachtung der Brandschutzvorschriften.

17. Gesetz v. 15. 4. 1948, Sb. Nr. 87, über die Bekämpfung des Alkoholismus.

18. Gesetz v. 15. 4. 1948, Sb. Nr. 88, wodurch die Strafgesetze und die Strafprozeßordnungen abgeändert werden.
Die Geldstrafensätze werden im Hinblick auf die Geldentwertung auf das Drei- bzw. Fünffache erhöht.

19. Gesetz v. 6. 10. 1948, Sb. Nr. 231, zum Schutz der volksdemokratischen Republik.
Dieses neue umfangreiche Republikschutzgesetz ersetzt die §§ 68 bis 75, 344—351 StG, das Republikschutzgesetz 50/23, das Gesetz 182/47. Im Anschluß erging das Gesetz 232/48 über das Staatsgericht.

20. Gesetz v. 27. 10. 1948, Sb. Nr. 241, Gesetz über den Fünfjahresplan.

21. Gesetz v. 25. 10. 1948, Sb. Nr. 247, über Zwangsarbeitslager. Das Gesetz wurde durch § 151 VerwStG 1950 aufgehoben. Vgl. aber § 279 StPO 1950.

22. Gesetz v. 22. 2. 1949, über die Aberkennung militärischer Würden. Das Gesetz bezieht sich nur auf Reservisten, denen aus politischen Gründen oder infolge Bestrafung wegen gewisser Straftaten militärische Dienstgrade und Würden aberkannt werden können.

23. Gesetz v. 23. 3. 1949, Sb. Nr. 92, Wehrgesetz. — DVO 209/49.

24. Gesetz v. 16. 6. 1949, Sb. Nr. 162, über Waffen und Munition. Bemerkenswert ist § 22 Abs. 1:

„Keine strafbare Handlung begeht, wer — obwohl er zum Führen von Waffen (Munition) nicht befugt ist — im Zeitpunkt unmittelbar drohender Gefahr eine Waffe (Munition) nachweisbar nur zur Abwendung der Gefahr bei sich hat."

25. Gesetz v. 12. 7. 1950, Sb. Nr. 86, Strafgesetz.

26. VO des Justizministers v. 31. 7. 1950, Sb. Nr. 117, über das Strafregister.

27. Gesetz v. 20. 12. 1950, Sb. Nr. 165, zum Schutz des Friedens. Das Gesetz, das im Rahmen der Propaganda für die östliche „Friedensoffensive" erging, bestimmt:

§ 1. 1. Wer es versucht, das friedliche Zusammenleben der Völker zu stören, indem er auf irgendeine Art zum Kriege hetzt, den Krieg propagiert oder sonstwie Kriegspropaganda unterstützt, begeht eine Straftat gegen den Frieden.

2. Der Täter wird mit Freiheitsentziehung von einem Jahr bis zu zehn Jahren bestraft. Der Täter wird mit Freiheitsentziehung von 10 bis 25 Jahren bestraft, wenn er eine im Absatz 1 angeführte Tat begeht

a) als Mitglied einer Vereinigung,
b) in bedeutendem Umfang, oder
c) wenn ein anderer besonders erschwerender Umstand vorliegt.

c) Der Strafrechtskodex.

Wie in der UdSSR verschiedene Gesetze, die zusammen einen gewissen Rechtskomplex bilden, in einem „codex" zusammengefaßt wurden, so werden jetzt auch in der CSR solche codices geschaffen.

Der csl. Strafrechtskodex umfaßt die Gesetze Sb. Nr. 86 bis 89, sämtliche vom 12. Juli 1950:

1. Strafgesetz,
2. Gesetz über das strafgerichtliche Verfahren (Strafprozeßordnung),
3. Verwaltungsstrafgesetz,
4. Gesetz über das Verwaltungsstrafverfahren (Verwaltungsstrafverfahrensordnung).

Die Gesetze sind am 1. August 1950 in Kraft getreten. Sie heben alle früheren Rechtsvorschriften, die eine in diesen Gesetzen geregelte Materie betreffen, auf. Nur beispielsweise werden in den Kodexgesetzen einige Rechtsvorschriften aufgezählt, die ihre Gültigkeit verlieren. Davon abgesehen, bleibt es der Praxis überlassen, im Einzelfall festzustellen, ob und inwieweit einzelne ältere Rechtsvorschriften noch anwendbar oder durch den Kodex aufgehoben sind. Die Gesetze bringen auf dem Gebiete des materiellen und formellen Strafrechts und Verwaltungsrechts die seit Bestehen der CSR angestrebte Rechtsvereinheitlichung.

Die Kodexgesetze zeigen einen einheitlichen systematischen Aufbau und sind im allgemeinen gut aufeinander abgestimmt. Sie sind getragen von dem Geist der kommunistischen Staatsführung und Gesellschaftsordnung, entsprechen der Forderung nach unbedingter Anerkennung der den Staat tragenden Grundgedanken und sehen ihre einzige Aufgabe in der Überwindung aller den staatlichen Interessen widerstrebenden Kräfte.

d) Das Strafgesetz.

Dem Gesetzgeber diente als Vorbild des Strafgesetzes einerseits das sowjetische Strafrecht, andrerseits der Entwurf des csl. Strafgesetzes aus dem Jahre 1937.

Der Allgemeine Teil des Strafgesetzes ist sehr knapp gehalten. Jede Straftat setzt eine für die Gesellschaft gefährliche Handlung voraus. Wenn eine Handlung nicht sozialgefährlich ist, stellt sie keine kriminell strafbare Handlung dar, auch wenn sie alle anderen Deliktsmerkmale erfüllt. Sie ist dann allenfalls als Verwaltungsdelikt zu ahnden. Ist das Maß der Sozialgefährlichkeit nur gering, so kann der Prokurator von der Strafverfolgung absehen. § 2 ist der Angelpunkt des ganzen Strafrechts. Aus ihm ergibt sich auch der Grundsatz nullum crimen sine lege, der übrigens in Art. 35 der Verfassung verankert ist. Er wird allerdings durchlöchert durch die zahlreichen weiten Tatbestände und durch zahlreiche stereotype Generalklauseln. Für die Tatbestandsmäßigkeit als Element des Deliktsbegriffs ist auch § 75 Ziff. 3 von Bedeutung. Die Einteilung der gerichtlich strafbaren Handlungen in Verbrechen, Vergehen und Übertretungen ist dem Gesetz ebensowenig wie dem sowjetischen Strafrecht bekannt. Als „Übertretungen" bezeichnet man nur Verwaltungsdelikte. Am Schuldprinzip wird festgehalten. Es gibt nur zwei Schuldformen: Vorsatz und Fahrlässigkeit. Die Dreiteilungslehre des Entwurfs 1926 dürfte endgültig begraben sein. Fahrlässiges Handeln ist nur strafbar, soweit das Gesetz ausdrücklich ein bestimmtes fahrlässiges Handeln für strafbar erklärt. Die verminderte Strafbarkeit fahrlässigen Handelns ergibt sich aus der verminderten Sozialgefährlichkeit des Täters. Die Strafbarkeit fahrlässig begangener Straftaten findet ihre Grenzen, wo die Sozialgefährlichkeit aufhört. Der Versuch einer Straftat setzt eine sozialgefährliche Handlung voraus. Auch ein absolut untauglicher Versuch kann unter Umständen strafbar sein. Anstifter und Gehilfen stehen wie bisher unter der gleichen Strafdrohung wie der Haupttäter. Auch bei Notwehr und Notstand spielt die Sozialgefährlichkeit eine entscheidende Rolle. Die Grenze der Deliktsfähigkeit Jugendlicher wird — entsprechend der verlängerten Schulpflicht — vom 14. auf das 15. Lebensjahr hinaufgesetzt. Die Zurechnungsfähigkeit eines Täters ist von seiner Fähigkeit zur Einsicht in die Sozialgefährlichkeit seines Handelns abhängig. Die Bestimmung, daß nur das mildere Strafgesetz rückwirkende Kraft habe, ist, nachdem das Retributionsdekret und andere politische Rachegesetze von diesem Grundsatz abgegangen waren, von besonderer Bedeutung. Ein kriminalpolitisches Programm ergibt sich aus § 1. Im Vordergrund steht der Schutz des herrschenden politischen Systems gegen gefährliche Elemente. Diese sind entweder zur Anpassung zu „erziehen“ oder unschädlich zu machen. Die Maßnahmen gegen einzelne gefährliche Elemente sollen „erzieherisch auf die übrigen Mitglieder der Gesellschaft wirken“ (§ 17); das Gesetz anerkennt, daß dies nur möglich sei, wenn der Strafvollzug die Menschenwürde achte. Der Vergeltungsgedanke ist völlig in den Hintergrund getreten. Der Besserungsgedanke spielt nur eine Rolle, soweit man unter Besserung nicht eine moralische Besserung, sondern eine soziale Anpassung des Rechtsbrechers versteht. Neben die tatbezogenen Strafen treten täterbezogene Schutzmaßnahmen, die auf Grund einer sozialen Prognose verhängt werden. Da einerseits das ganze Strafrecht dem Kampf gegen gefährliche Elemente dient und auch die Strafen, soweit sie erziehlich wirken sollen, auf die künftige Gefährlichkeit des Täters abstellen, andrerseits auch den Schutzmaßnahmen eine Bezugnahme auf die begangene Tat nicht fehlt, wirkt die Zweispurigkeit von Strafen und Schutzmaßnahmen nicht überzeugend. Zu dieser Auffassung wird man insbesondere kommen, wenn man die „Besserungsmaßnahmen“ (§ 37) unter den Hauptstrafen findet. Die bisherige Unterscheidung von schwerem Kerker, Kerker, strengem Arrest usw. ist weggefallen. Es gibt wie im sowjetischen Strafrecht nur eine „Freiheitsentziehung“. Sie ist mit Arbeitszwang verbunden. Das Problem der kurzfristigen Freiheitsstrafen mußte in einem Strafrecht, in dem die Erziehung bzw. soziale Anpassung im Vordergrund steht, besonders akut werden. Es wurde eine Lösung durch eine neue Strafart gesucht, die sich an ein sowjetisches Vorbild anlehnt: die Freiheitsstrafe von einer Dauer bis zu drei Monaten wird durch eine „Besserungsmaßnahme“ ersetzt, die in einer in Freiheit gegen geringeren Lohn zu leistenden befristeten Strafarbeit besteht. Eine Geldstrafe ist nie Hauptstrafe; sie wird als Nebenstrafe vor allem dort verhängt, wo es gilt, Vermögenswerte, die auf einem arbeitslosen Einkommen beruhen und mit der Begehung der Tat in Zusammenhang stehen, abzuschöpfen. Bei Jugendlichen kann unter gewissen Voraussetzungen von der Bestrafung abgesehen werden; dazu kommt, daß nach § 230 StPO der Prokurator aus ähnlichen Gründen wie in § 58 StG von der Verfolgung eines Jugendlichen absehen kann.

Der Besondere Teil des StG wird in zehn Hauptstücke geteilt. Das letzte Hauptstück enthält das Militärstrafrecht, das im Gegensatz zu den csl. StG-Entwürfen, jedoch nach dem Vorbild des sowjetischen Rechts, in das allgemeine StG aufgenommen wurde. Der Aufbau der Tatbestände zeigt die besondere Sorge des Gesetzgebers, alle denkbaren Gefahren für das herrschende Regime möglichst sicher abzuschirmen. Aus dem Republikschutzgesetz, dem Staatsverteidigungsgesetz und anderen Staatsschutzgesetzen, die zu einer Zeit größter äußerer und innerer Spannungen entstanden sind, wurden verschiedene Bestimmungen in das StG übernommen. In den zahlreichen Bestimmungen zur Sicherung des Staates kommt der Mangel an innerem Frieden deutlich zum Ausdruck. Während die Strafen für Delikte gegen den Staat außerordentlich hart sind, ist in bezug auf politisch neutrale Straftaten eine deutliche Tendenz zur Milderung der Strafsätze festzustellen.

e) Das Verwaltungsstrafgesetz.

In der Slowakei galt bis zum Inkrafttreten des vorliegenden StG neben dem ungarischen Strafgesetz das ungarische Übertretungsgesetz Art. XL/1879. In Böhmen und Mähren waren die Bestimmungen über eine gerichtliche Bestrafung von Vergehen und Übertretungen in dem 2. Teil des StG 117/1852 enthalten. Der csl. StG-Entwurf 1926 hatte nach slowakischem, bzw. ungarischem Vorbild die Teilung des Strafrechts in ein besonderes Gesetz über Verbrechen und Vergehen und ein Gesetz über Übertretungen vorgesehen. Im StG-Entwurf 1937 wurde diese Teilung wieder fallen gelassen, weil man es für technisch einfacher und für die Praxis zweckmäßiger hielt, wenn alle gerichtlich strafbaren Handlungen in einem einheitlichen Strafgesetz enthalten sind.

Neben den gerichtlich strafbaren Übertretungen gab es in allen Ländern der CSR Verwaltungsübertretungen, für deren Verfolgung die politischen Behörden zuständig waren. Das Verwaltungsstrafrecht war durch zahlreiche zersplitterte, meist veraltete Normen geregelt. In den Jahren 1928 und 1937 wurden Entwürfe eines einheitlichen csl. Verwaltungsstrafgesetzes fertiggestellt, die aber das Schicksal der konform laufenden StG-Entwürfe teilten.

Der Strafrechtskodex 1950 enthält ein neues StG und ein neues einheitliches Verwaltungsstrafgesetz. Das StG bezieht sich auf gerichtlich strafbare Handlungen, das VerwStG auf „Taten, die nicht nach dem StG strafbar sind“ (§ 2 VerwStG). Das neue StG wurde damit von dem Ballast der zahlreichen Übertretungen befreit. Nur wenige Übertretungen des bisherigen Kriminalstrafrechts wurden in das neue StG übernommen. Somit sind nahezu alle bisher gerichtlich strafbaren Übertretungen und Verwaltungsübertretungen in einem gemeinsamen Gesetz, dem neuen VerwStG, enthalten. Da die alte Trichotomie dem neuen StG fremd ist, handelt es sich jetzt immer um Delikte nach dem VerwStG, wenn von „Übertretungen“ die Rede ist.

Der Aufbau des VerwStG entspricht dem des StG. Die §§ 1—32 betreffen den Allgemeinen Teil. Der Besondere Teil enthält die Hauptstücke:

I. Schutz der Wirtschaft,
II. Schutz der Arbeit, der Volksgesundheit und der Versorgung,
III. Schutz der Ordnung in öffentlichen Angelegenheiten,
IV. Schutz der Wehrkraft,
V. Schutz des Kulturlebens der Arbeitenden,
VI. Schutz des bürgerlichen Zusammenlebens:
   1. Schutz des gesellschaftlichen Lebens der Arbeitenden,
   2. Gemeingefährliche Übertretungen,

3. Schutz des Straßenverkehrs, des Eisenbahn- und Flugbetriebs und der Schiffahrt.

Häufig entspricht dem Tatbestand einer gerichtlich strafbaren Handlung ein analog gebildeter Tatbestand nach dem VerwStG. Einige solche Tatbestände wurden in dieser Textausgabe des StG einander gegenübergestellt, vgl. §§ 130 ff. Eine der meistumstrittenen Fragen des csl. Verwaltungsstrafrechts war bisher die Frage der Schuld. Das neue VerwStG geht vom Schuldprinzip aus. § 4 bestimmt:

1. Wenn zur Begehung einer Übertretung Vorsatz nicht gefordert wird, ist der Täter verantwortlich, wenn er nicht die Vorsicht einhält, die die Gesellschaft von ihm verlangt.

2. Wenn zur Begehung einer Übertretung Vorsatz gefordert wird, ist der Täter verantwortlich, wenn er den im Gesetz angeführten Erfolg herbeiführen wollte, oder wußte, daß er ihn herbeiführen kann und für den Fall, daß er ihn herbeiführt, damit einverstanden war.

Die strittige Frage der Strafbarkeit juristischer Personen wird dahin gelöst, daß für eine juristische Person die physischen Personen, die für die juristische Person handelten oder hätten handeln sollen, verantwortlich sind. „Ein Handeln, das geeignet ist, den im Gesetz angeführten und vom Täter bedachten Erfolg herbeizuführen, ist ein Versuch, wenn dieser Erfolg nicht eintritt“ (§ 6). Der Versuch ist strafbar wie die Übertretung selbst. „Wer einen andern vorsätzlich, wenn auch erfolglos, zu einer Übertretung anstiftet, wird bestraft, wie wenn er selbst der Täter wäre. Wer einem anderen vorsätzlich zur Begehung einer Übertretung Hilfe leistet oder das versucht, wird bestraft, wie wenn er selbst der Täter wäre“ (§ 7 Abs. 1). Was unter „Hilfe“ zu verstehen ist, wird wie im StG geregelt. Erfolglose Beihilfe ist straflos. Wie ein Anstifter oder Gehilfe ist strafbar, „wer einem anderen vorsätzlich die Begehung einer Übertretung dadurch erleichtert, daß er es pflichtwidrig unterläßt, einen Auftrag zu erteilen oder eine Aufsicht auszuüben“ (§ 7 Abs. 3). Hauptstrafen sind Freiheitsentziehung, öffentliche Rüge und Geldbuße. Nebenstrafen sind Vermögensverfall, Tätigkeitsverbot, Aufenthaltsverbot, Verfall einer Sache und Veröffentlichung eines Erkenntnisses. Die Freiheitsentziehung wird in einem Gerichts- oder Verwaltungsgefängnis vollzogen. Die öffentliche Rüge besteht darin, daß das Straferkenntnis über die Verwaltungsstrafe öffentlich ausgehängt oder auf andere Weise öffentlich bekanntgemacht wird. Bei der Bemessung der Strafe sind zu berücksichtigen: der Grad der Gefährlichkeit der Übertretung für die Gesellschaft, das Maß der Schuld, die Person des Täters, die erschwerenden und mildernden Umstände (§ 12 Abs. 1). Von der Bestrafung kann abgesehen werden, „wenn die Interessen des arbeitenden Volkes nicht erfordern, daß dem Täter, der sonst ein ordentliches Leben als arbeitender Mensch führt, eine Strafe auferlegt wird“ (§ 16 Abs. 1). Die Tatbestände sind vielfach sehr allgemein gehalten. Jedem Hauptstück wird ein Generaltatbestand vorangestellt, der alle Möglichkeiten offenläßt, z. B.: „Wer den Aufbau des Wirtschaftssystems erschwert, gefährdet oder stört“

(§ 33) oder „Wer den Gang der öffentlichen Verwaltung erschwert, gefährdet oder stört, oder auf andere Weise die Ordnung in öffentlichen Angelegenheiten stört“ (§ 90). Die Übertretungen werden im ersten Rechtszug von den Bezirksnationalausschüssen verfolgt. In der Berufungsinstanz entscheiden die Kreisnationalausschüsse.

f) Die Übersetzung.

Die vorliegende Übersetzung des Strafgesetzes vermittelt nicht nur die Kenntnis des sonst schwer zugänglichen neuen csl. Strafrechts, sondern gibt auch einen Einblick in die Entwicklungstendenzen des Strafrechts hinter dem eisernen Vorhang.

Die Übersetzung hält sich möglichst wörtlich an den Originaltext. Hierbei wurde die Terminologie berücksichtigt, deren sich der csl. Gesetzgeber in den Jahren 1918—45 bediente, als seine Gesetze noch in amtlicher deutscher Übersetzung erschienen. So wurde zum Beispiel die amtliche deutsche Übersetzung des Republikschutzgesetzes aus dem Jahre 1923 oder des Staatsverteidigungsgesetzes aus dem Jahre 1936, soweit diese in das neue Strafgesetz eingebaut wurden, der vorliegenden Übersetzung im wesentlichen zugrunde gelegt, auch wenn die verwendete Terminologie nicht immer glücklich erschien. Nur in wenigen Punkten bin ich nach reiflicher Überlegung von der früheren Terminologie abgewichen, so z. B. in dem Fall, wo das Republikschutzgesetz 50/23 und andere vor 1945 erschienene Gesetze von verfassungsmäßigen oder öffentlichen „Faktoren“ sprachen. Der tschechische Ausdruck hierfür ist das Substantiv des tschechischen Ausdrucks für „tuen“. Da eine entsprechende Substantivierung im Deutschen nicht möglich ist, wurde in der amtlichen deutschen Übersetzung des Ges. 50/23 im Anschluß an die lateinischen Wörter facere — factor das Fremdwort „Faktor“ verwendet. Dieser Ausdruck wurde schon früher vielfach kritisiert und hat sich in dem ihm gegebenen Sinne nie in der deutschen Sprache eingelebt. In der vorliegenden Übersetzung wurde daher der Ausdruck „Funktionär“ gewählt, weil dieser Ausdruck ein in der deutschen Sprache geläufiges Fremdwort ist, unter dem man sich gemeinhin das vorstellt, was der tschechische Gesetzestext sagen will. Dieser Ausdruck findet sich übrigens auch schon in der amtlichen Übersetzung einiger csl. Gesetze aus der Vorkriegszeit, vgl. § 6 des Ges. 178/24. Andrerseits wurde nicht übersehen, daß das Wort Funktionär in seiner tschechisierten Form vom csl. Gesetzgeber in einzelnen Gesetzen, darunter auch im vorliegenden Strafgesetz, anderweitig verwendet wird. Der hieraus sich ergebende Nachteil, daß zwei verschiedene tschechische Ausdrücke — sogar in einem und demselben Paragraphen (§ 75 Ziff. 10) — mit demselben Ausdruck „Funktionär“ übersetzt werden, wurde als unerheblich in Kauf genommen.

Besondere Schwierigkeiten bietet die Übersetzung des tschechischen Wortes “sbor“, das eine Mehrheit von Personen, eine geschlossene Personengruppe, ein Kollegium, ein Korps bedeutet. Wie schon in den amtlichen Übersetzungen früherer csl. Gesetze wurde auch hier das Wort sbor, entsprechend seiner verschiedenen Bedeutung, im Zusammenhang mit verschiedenen entsprechenden Ausdrücken übersetzt, z. B. Körperschaft, Korps (§ 78 Ziff. 1 d), Formation (§ 101).

Bemerkenswert ist, daß das Gesetz unterscheidet zwischen Wehrmacht, Militär (Armee) und bewaffneten oder militärisch organisierten Formationen, vgl. §§ 78 Abs. 3 d, 269, 103. Zur Wehrmacht gehören:

a) die Armee (das Militär). Nach § 2 des Wehrgesetzes Nr. 92/49 ist die Armee (das Militär) die Grundlage der Wehrmacht. Sie wird in den vom Gesetz vorgesehenen Fällen ergänzt durch die

b) öffentlichen, bewaffneten Formationen. Das sind militärisch organisierte und ausgebildete Einheiten, denen gewisse Aufgaben bei der Verteidigung des Staates übertragen sind. Gegenwärtig zählen hierzu die „Staatsverteidigungswache“ und die „Nationale Sicherheitstruppe“. Sie sind ein Teil der Wehrmacht und unterliegen militärischer Befehlsgewalt;

c) öffentliche Sicherheitskorps. Ihre Aufgabe ist vornehmlich der Katastrophenschutz, z. B. bei Fliegerangriffen, Bränden u. ä. Diese Korps werden zu Bestandteilen der Wehrmacht, wenn sie nach § 46 des Wehrgesetzes zum Sonderdienst berufen werden;

d) Personen, die sich der Wehrerziehung unterziehen, und Einheiten, die aus solchen Personen bestehen. Sie sind Bestandteile der Wehrmacht, wenn sie nach § 46 des Wehrgesetzes zum Sonderdienst einberufen werden.

e) Personen, die zu persönlichen Dienstleistungen einberufen werden (§ 45 Wehrgesetz).

Gewisse bewaffnete oder militärisch organisierte Formationen gehören nicht zur Wehrmacht im Sinne des Wehrgesetzes. Es handelt sich hierbei um Einheiten, die insbesondere dem inneren Schutz des Regimes, „dem Schutze der Interessen der volksdemokratischen Republik“, dienen. An sie denkt der Gesetzgeber, wenn er im StG nicht nur von der Wehrmacht, sondern daneben von „bewaffneten oder militärisch organisierten Formationen“ spricht.

Die „Vorschubleistung“ in § 211 und die „Begünstigung“ in § 485 des ehemals österr. StG wurde von den Tschechen mit ein und demselben Ausdruck übersetzt; dieser findet sich jetzt als Überschrift des § 163 des StG 1950. Er wurde hier mit dem Worte „Begünstigung“ übersetzt. Der Tatbestand entspricht der Begünstigung des § 257 III des deutschen StGB. Das von den Tschechen übernommene österr. StG unterschied „Teilnahme“ und „Teilnehmung“. Unter den Begriff „Teilnahme“ fiel insbesondere der Fall, daß jemand „vorläufig sich mit dem Täter über die nach vollbrachter Tat ihm zu leistende Hilfe und Beistand, oder über einen Anteil an Gewinn und Vorteil einverstanden hat“ (§ 5). „Teilnehmung“ war ein delictum sui generis und lag vor, wenn jemand „ohne vorläufiges Einverständnis, nur erst nach begangenem Verbrechen dem Täter mit Hilfe und Beistand beförderlich ist oder von dem ihm bekannt gewordenen Verbrechen Gewinn und Vorteil zieht"; sie entsprach etwa der „Begünstigung" nach § 257 I des deutschen StGB. Es beging das Verbrechen der „Teilnehmung am Diebstahl" (§ 185), wer eine gestohlene Sache „verhehlt, an sich bringt oder verhandelt". Die „Verhehlung" nach § 214 (entsprechend der deutschen „Hehlerei") war ein Verbrechen durch Teilnehmung. Das neue csl. StG hat in seinem § 250 an der „Teilnehmung" als delictum sui generis festgehalten.

Einige Tatbestände des deutschen Strafrechts enthalten das Merkmal „gewerbsmäßig". Im vorliegenden csl.StG findet sich — im Gegensatz zu früheren Strafgesetzen, vgl. § 4 Abs. 2 des Ges. 15/47 — dieses Merkmal nicht mehr. Dagegen hebt das Gesetz häufig auf die „Erwerbsmäßigkeit" ab. Hiervon zu unterscheiden ist die „Gewinnsucht" des Täters, von der das Gesetz mehrmals spricht, z. B. §§ 20c, 48.

Den besonderen Schutz des Gesetzes genießen die Genossenschaften, vgl. § 84. So wie es in der sowjetisch besetzten Zone Deutschlands Volksrichter und Volkspolizei gibt, werden die Genossenschaften im tschechischen Gesetzestext als „Volks-Genossenschaften" bezeichnet. Im Hinblick darauf, daß diese Wortverbindung zweideutig und ungebräuchlich ist, habe ich sie in der Übersetzung durch das einfache Wort „Genossenschaft" ersetzt.

Im csl. Gesetzblatt folgt dem Text des StG eine „Übersicht über das Strafgesetz", die in der vorliegenden Übersetzung dem Gesetz vorangestellt wurde. Das Sachverzeichnis, das die Terminologie nicht nur des tschechischen, sondern auch des deutschen, österreichischen und schweizerischen Strafrechts berücksichtigt, wurde angefertigt, um eine schnelle Auffindung gesuchter Einzelbestimmungen zu erleichtern.

Abkürzungen.

csl.	tschechoslowakisch
CSR	Tschechoslowakische Republik
RGBl.	österreichisches Reichsgesetzblatt
Sb.	Sbírka zákonů rep. Čsl. (Sammlung der Gesetze der CSR)
Slg.	Sammlung der Gesetze und Verordnungen des tschechoslowakischen Staates (amtliche deutsche Übersetzung)
VerwStG.	csl. Verwaltungsstrafgesetz v. 12. 7. 1950

ÜBERSICHT ÜBER DAS STRAFGESETZ.

ALLGEMEINER TEIL.

ZWEITES HAUPTSTÜCK:

WIRTSCHAFTSSTRAFTATEN.

DRITTES HAUPTSTÜCK:

STRAFTATEN GEGEN DIE ORDNUNG IN ÖFFENTLICHEN ANGELEGENHEITEN.

Strafgesetz
vom 12. Juli 1950

Gesetz Nr. 86,
Sammlung der Gesetze der Tschechoslowakischen Republik,
Teil 39, vom 18. Juli 1950, Seite 213—263.

Die Nationalversammlung der Tschechoslowakischen Republik hat folgendes Gesetz beschlossen:

ALLGEMEINER TEIL.
ERSTES HAUPTSTÜCK.
ZWECK DES STRAFGESETZES.

§ 1.

Das Strafgesetz schützt die volksdemokratische Republik, ihren sozialistischen Aufbau, die Interessen des arbeitenden Volkes und den Einzelnen und erzieht zur Einhaltung der Regeln des sozialistischen Zusammenlebens. Mittel zur Erreichung dieses Zieles sind Strafdrohung, Verhängung und Vollstreckung von Strafen und Schutzmaßnahmen.

ZWEITES HAUPTSTÜCK.
GRUNDLAGEN DER STRAFRECHTLICHEN VERANTWORTLICHKEIT.

§ 2.

Straftat.

Nur eine für die Gesellschaft gefährliche Handlung, deren Erfolg, wie er im Gesetz angeführt ist, vom Täter verschuldet wurde, ist eine Straftat.

Verschulden.

§ 3.

1. Der im Gesetz angeführte Erfolg wird vorsätzlich verschuldet, wenn der Täter
a) ihn herbeiführen wollte, oder
b) wußte, daß er ihn herbeiführen kann, und für den Fall, daß er ihn herbeiführt, damit einverstanden war.

2. Der im Gesetz angeführte Erfolg wird fahrlässig verschuldet, wenn der Täter

a) wußte, daß er ihn herbeiführen kann, sich aber ohne angemessene Gründe darauf verlassen hat, daß er ihn nicht herbeiführen wird, oder

b) nicht wußte, daß er ihn herbeiführen kann, obwohl er das im Hinblick auf die Umstände und seine persönlichen Verhältnisse hätte wissen können.

§ 4.

1. Wenn das Gesetz nicht ausdrücklich bestimmt, daß fahrlässiges Verschulden strafbar ist, wird zur Strafbarkeit vorsätzliches Verschulden gefordert.

2. Umstände, welche die Anwendung eines höheren Strafsatzes bedingen, werden jedoch

a) wenn es sich um einen schwereren Erfolg handelt, auch dann berücksichtigt, wenn der Täter ihn fahrlässig herbeigeführt hat, ausgenommen die Fälle, in denen das Gesetz auch hier ein vorsätzliches Verschulden fordert;

b) wenn es sich um eine andere Tatsache handelt, auch dann berücksichtigt, wenn der Täter diese nicht kannte, obwohl er im Hinblick auf die Umstände und seine persönlichen Verhältnisse sie kennen konnte, ausgenommen die Fälle, in denen das Gesetz auch hier fordert, daß der Täter sie kannte.

§ 5.

Versuch.

1. Eine für die Gesellschaft gefährliche Handlung, die der Täter mit dem Vorsatz, den im Gesetz angeführten Erfolg herbeizuführen, begangen hat, ist ein Versuch der Straftat, wenn dieser Erfolg nicht eintritt.

2. Der Versuch ist strafbar wie die Straftat selbst, doch wird bei der Strafbemessung auf die Umstände und Gründe, wegen deren es zu dem im Gesetz angeführten Erfolg nicht kam, und darauf, wie weit sich die Handlung diesem Erfolg genähert hat, Rücksicht genommen.

3. Der Versuch ist nicht strafbar, wenn der Täter freiwillig davon Abstand genommen hat, den im Gesetz angeführten Erfolg herbeizuführen.

§ 6.

Mittäterschaft.

Für einen im Gesetz angeführten Erfolg, der durch gemeinschaftliches Handeln herbeigeführt wurde, ist jeder der Mittäter verantwortlich, wie wenn er ihn selbst herbeigeführt hätte.

§ 7.

Anstiftung und Beihilfe.

1. Wer in einem andern vorsätzlich den Entschluß weckt, eine Straftat zu begehen, ist strafbar nach dem Strafsatz, der für die Straftat, zu der er angestiftet hat, bestimmt ist.

2. Wer einem andern vorsätzlich zur Begehung einer Straftat Hilfe leistet, ist strafbar nach dem Strafsatz, der für die Straftat, zu der er Hilfe geleistet hat, bestimmt ist. Hilfe ist insbesondere die Gewährung von Mitteln, die Beseitigung von Hindernissen, die Erteilung von Rat, die Bestärkung im Vorhaben oder das Versprechen, nach der Straftat Beistand zu leisten.

3. Die Strafbarkeit des Anstifters und Gehilfen ist nicht von der Strafbarkeit des unmittelbaren Täters abhängig.

4. Die Bestimmungen über den Versuch sind auch auf den Versuch der Anstiftung und Beihilfe anzuwenden.

5. Anstifter und Gehilfe sind nicht strafbar, wenn sie freiwillig verhindern, daß der Angestiftete oder derjenige, dem Beihilfe geleistet wurde, die Straftat begeht.

§ 8.

Notwehr.

Eine sonst strafbare Handlung, durch die jemand einen Angriff auf die volksdemokratische Republik, auf ihren sozialistischen Aufbau, auf die Interessen des arbeitenden Volkes oder auf den einzelnen abwendet, ist keine Straftat, wenn

a) der Angriff unmittelbar drohte oder andauerte und
b) die Abwehr dem Angriff angemessen war.

§ 9.

Notstand.

1. Eine sonst strafbare Handlung, durch die jemand eine der volksdemokratischen Republik, ihrem sozialistischen Aufbau, den Interessen des arbeitenden Volkes oder dem einzelnen unmittelbar drohende Gefahr abwendet, ist keine Straftat, wenn

a) der entstandene Schaden kleiner ist als der Schaden, der drohte, und
b) die Gefahr nicht anders abgewendet werden konnte.

2. Notstand nach Absatz 1 liegt nicht vor, wenn derjenige, dem die Gefahr drohte, verpflichtet war, ihr standzuhalten.

§ 10.

Alter.

Wer zur Zeit der Tat das fünfzehnte Lebensjahr nicht erreicht hat, ist strafrechtlich nicht verantwortlich.

§ 11.

Unzurechnungsfähigkeit.

Wer wegen geistiger Störung zur Zeit der Tat nicht erkennen konnte, daß sein Handeln für die Gesellschaft gefährlich ist, oder sein Handeln nicht beherrschen konnte, ist für eine solche Tat strafrechtlich nicht verantwortlich.

DRITTES HAUPTSTÜCK.
GELTUNGSBEREICH DER STRAFGESETZE.

§ 12.

1. Die Strafbarkeit einer Tat wird beurteilt nach dem Gesetz, das zur Zeit der Begehung der Tat galt; nach einem späteren Gesetz wird sie nur dann beurteilt, wenn es für den Täter günstiger ist.

2. Über Schutzmaßnahmen wird immer nach dem Gesetz entschieden, das zur Zeit der Entscheidung gilt.

§ 13.

1. Die Strafbarkeit einer Tat, die im Gebiete der Tschechoslowakischen Republik begangen wurde, wird nach tschechoslowakischem Recht beurteilt.

2. Eine Straftat gilt als im Gebiet der Tschechoslowakischen Republik begangen,

a) wenn der Täter dort eine Handlung begeht, die auf den im Gesetz angeführten Erfolg gerichtet ist, auch wenn dieser Erfolg ganz oder teilweise im Ausland eingetreten ist oder eintreten sollte, oder

b) wenn der im Gesetz angeführte Erfolg ganz oder wenigstens teilweise dort eintritt oder eintreten soll, auch wenn der Täter die darauf gerichtete Handlung im Ausland begangen hat.

§ 14.

1. Auch die Strafbarkeit einer Tat, die ein tschechoslowakischer Bürger oder ein staatenloser Bewohner der Tschechoslowakischen Republik im Ausland begeht, wird nach tschechoslowakischem Gesetz beurteilt.

2. Die Strafbarkeit folgender Straftaten wird nach tschechoslowakischem Gesetz auch dann beurteilt, wenn sie ein ausländischer Staatsangehöriger oder eine staatenlose Person, die nicht Bewohner der Tschechoslowakischen Republik ist, im Ausland begeht: Hochverrat (§ 78), Vereinigungen gegen die Republik (§§ 79 und 80), Sabotage nach § 84, Spionage (§§ 86 und 87), Treubruch nach § 93, Schädigung im Kriege nach § 99, Mord an einem verfassungsmäßigen Funktionär (§ 104), Beschädigung eines verfassungsmäßigen Funktionärs an der Gesundheit (§§ 105 und 106), Verbindung zu einem Angriff gegen einen verfassungsmäßigen Funktionär (§ 107), Gewalttätigkeit gegen einen verfassungsmäßigen Funktionär (§ 108), Anmaßung der Befugnisse eines verfassungsmäßigen Funktionärs

(§ 109), Gefährdung eines Wirtschafts- oder Dienstgeheimnisses nach § 112, Fälschung und Veränderung von Zahlungsmitteln (§ 139), Inverkehrbringen gefälschter und veränderter Zahlungsmittel (§ 140), Münzverringerung und Inverkehrbringen verringerter Münzen (§ 141), Anfertigung und Haltung von Fälschergerät (§ 142), Gewalttätigkeit gegen einen öffentlichen Funktionär (§ 177), Gefährdung des Betriebs gemeinnütziger Einrichtungen gemäß § 194 Abs. 1 Buchst. b), unerlaubte Herstellung und Haltung von Betäubungsmitteln und Giften gemäß § 197, Beraubung der persönlichen Freiheit (§ 230), Verschleppung ins Ausland (§ 231) und Mädchenhandel (§ 243). Dasselbe gilt für die Strafbarkeit einer Verbindung (§ 166), wenn sie auf diese Straftaten gerichtet ist.

§ 15.

1. Die Strafbarkeit anderer als der in § 14 Abs. 2 angeführten Taten wird, wenn die Straftaten im Ausland von einem ausländischen Staatsangehörigen oder von einer staatenlosen Person, die nicht Bewohner der Tschechoslowakischen Republik ist, begangen wurden, nach tschechoslowakischem Gesetz nur dann beurteilt,

a) wenn die Tat auch nach dem Gesetz, das in dem Gebiet, wo die Tat begangen wurde, strafbar ist, und

b) wenn der Täter auf dem Gebiet der Tschechoslowakischen Republik ergriffen und einem ausländischen Staate nicht zur Strafverfolgung ausgeliefert wurde.

2. Wenn das Gesetz des Staates, in dessen Gebiet die Straftat begangen wurde, milder als das tschechoslowakische Gesetz ist, darf gegen den Täter keine Strafe verhängt werden, die strenger ist als jenes Gesetz.

§ 16.

Ein tschechoslowakischer Bürger kann einem ausländischen Staat weder zur Strafverfolgung noch zur Strafvollstreckung ausgeliefert werden.

VIERTES HAUPTSTÜCK.

STRAFEN.

Erster Abschnitt.

Gemeinsame Bestimmungen über Strafen.

§ 17.

Strafzweck.

1. Zweck der Strafe ist:

a) den Feind des arbeitenden Volkes unschädlich zu machen,

b) den Täter an der weiteren Begehung strafbarer Handlungen zu hindern und ihn dazu zu erziehen, die Regeln des sozialistischen Zusammenlebens einzuhalten,

c) erzieherisch auf die übrigen Mitglieder der Gesellschaft zu wirken.

2. Durch den Strafvollzug darf die Menschenwürde nicht erniedrigt werden.

§ 18.

Strafarten.

1. Hauptstrafen sind:

a) Todesstrafe,
b) Freiheitsentziehung,
c) Besserungsmaßnahmen.

2. Nebenstrafen sind:

a) Verlust der Staatsbürgerschaft,
b) Verlust der bürgerlichen Ehrenrechte,
c) Ausschluß aus dem Militär,
d) Verlust des militärischen Ranges,
e) Verfall des Vermögens,
f) Geldstrafe,
g) Verbot einer Tätigkeit,
h) Ausweisung,
ch) Aufenthaltsverbot,
i) Urteilsveröffentlichung,
j) Verfall einer Sache.

3. Eine Nebenstrafe darf nur gemeinsam mit einer Hauptstrafe verhängt werden.

§ 19.

Strafbemessung.

1. Bei der Strafbemessung berücksichtigt das Gericht den Grad der Gefährlichkeit der Straftat für die Gesellschaft, das Maß der Schuld, die Person des Täters, insbesondere die Möglichkeit seiner Besserung, sowie die erschwerenden und mildernden Umstände.

2. Ein Umstand, der gesetzliches Merkmal einer Straftat ist, darf bei der Strafbemessung nicht als erschwerender oder mildernder Umstand berücksichtigt werden.

§ 20.

Erschwerende Umstände.

Ein erschwerender Umstand liegt insbesondere vor, wenn der Täter

a) durch die strafbare Handlung seine Feindschaft gegenüber der volksdemokratischen Ordnung zum Ausdruck gebracht hat,
b) durch die strafbare Handlung die politischen, militärischen oder wirtschaftlichen Interessen der Republik gefährdet hat,
c) die strafbare Handlung auf rohe Art, meuchlerisch, mit besonderer Arglist, aus Gewinnsucht oder aus anderen niederen Beweggründen begangen hat,
d) durch die strafbare Handlung eine besondere Pflicht verletzt hat, insbesondere eine Pflicht, die sich aus seiner verantwortlichen Stellung ergibt,

e) wegen einer Straftat gleicher Art schon verurteilt wurde,

f) verschiedene Straftaten begangen hat,

g) die Straftat wiederholt begangen oder durch längere Zeit hindurch fortgesetzt hat,

h) einen anderen, insbesondere einen Jugendlichen, zur Straftat verführt hat,

ch) durch die strafbare Handlung einen größeren Schaden verursacht hat, oder

i) die strafbare Handlung unter Ausnutzung der Wehrlosigkeit, Abhängigkeit oder dienstlichen Unterordnung eines anderen begangen hat.

§ 21.

Mildernde Umstände.

Ein mildernder Umstand liegt insbesondere vor, wenn der Täter

a) die strafbare Handlung in einem Zustand begangen hat, der der Unzurechnungsfähigkeit nahe ist, sofern er ihn nicht selbst herbeigeführt hat, insbesondere durch den Genuß alkoholischer Getränke,

b) die strafbare Handlung in starker Erregung begangen hat,

c) die strafbare Handlung in einem Alter begangen hat, das dem Alter der Jugendlichen nahe liegt,

d) die strafbare Handlung unter dem Druck einer Abhängigkeit oder dienstlichen Unterordnung begangen hat,

e) die Straftat unter dem Einfluß unverschuldeter schwieriger persönlicher oder familiärer Verhältnisse begangen hat,

f) vor Begehung der Straftat das ordentliche Leben eines arbeitenden Menschen geführt hat,

g) nach der Tat sich um die Beseitigung der schädlichen Folgen bemüht hat,

h) die Straftat gestanden hat, sofern ein solches Geständnis nicht nur weniger wichtige Tatsachen betrifft.

§ 22.

Gesamt- und Zusatzstrafe.

1. Wenn das Gericht den Täter wegen zweier oder mehrerer Straftaten verurteilt, erkennt es auf eine Gesamtstrafe nach der gesetzlichen Bestimmung, die sich auf die am strengsten strafbare Tat bezieht. Wenn die unteren Grenzen der Strafsätze für Freiheitsentziehungen verschieden sind, ist die höchste unter ihnen die untere Grenze der Gesamtstrafe. Wenn die oberen Grenzen der Strafsätze für zeitliche Freiheitsentziehungen gleich sind, wird die obere Grenze um ein Viertel erhöht. Die Bestimmungen über Nebenstrafen, über den Ausschluß bedingter Verurteilung und den Ausschluß einer Strafherabsetzung sind auch dann anzuwenden, wenn sie nur für eine der anzuwendenden Straftaten gelten.

2. Wenn das Gericht einen Täter wegen einer Straftat verurteilt, die er begangen hat, bevor im ersten Rechtszug ein Schuldspruch wegen einer anderen von ihm begangenen Straftat verkündet wurde, verhängt es eine Zusatzstrafe. Durch die Zusatzstrafe wird die früher verhängte Strafe so ergänzt, als ginge es um eine Gesamtstrafe nach Absatz 1. Diese Bestimmung findet keine Anwendung, wenn die vorhergehende Verurteilung bedingt war; der Täter wird dann angesehen, als ob er nicht verurteilt (§ 28) worden sei, sie findet auch keine Anwendung, wenn früher eine Besserungsmaßnahme (§ 37) verhängt wurde.

§ 23.

Anrechnung von Haft und Strafe.

1. Die Zeit, die ein Täter wegen derselben Tat in Haft oder in einer von einem Richter oder einem anderen Organ verhängten Strafe verbracht hat, wird auf die Strafe der Freiheitsentziehung oder auf die Besserungsmaßnahme angerechnet; ein Tag Haft oder Freiheitsentziehung zählt für zwei Tage Besserungsmaßnahme.

2. Die in Absatz 1 angeführte Zeit wird auch auf die Ersatzstrafe für eine Geldstrafe angerechnet.

§ 24.

Bedingte Verurteilung.

1. Das Gericht schiebt die Vollziehung einer die Dauer eines Jahres nicht übersteigenden Strafe der Freiheitsentziehung auf,

a) wenn ein wichtiges öffentliches Interesse nicht entgegensteht und

b) wenn das Gericht in Hinsicht auf das Vorleben des Täters und auf die Umstände des Falles Grund zu der Annahme hat, daß der Täter auch ohne Vollziehung der Strafe ein ordentliches Leben als arbeitender Mensch führen wird.

2. Wenn das Gericht die Vollziehung der Strafe der Freiheitsentziehung bedingt aufschiebt, wird dadurch nicht die Vollziehung von Nebenstrafen aufgeschoben; das Gericht kann aber aussprechen, daß auch eine Geldstrafe, das Verbot einer Tätigkeit, eine Ausweisung und ein Aufenthaltsverbot oder auch nur eine dieser Nebenstrafen bedingt aufgeschoben wird.

§ 25.

1. Bei bedingter Verurteilung bestimmt das Gericht eine Probezeit von einem Jahr bis zu drei Jahren. Die Probezeit beginnt mit Rechtskraft des Urteils.

2. Das Gericht kann einem bedingt Verurteilten angemessene Beschränkungen auferlegen, die dahin zielen, daß er ein ordentliches Leben als arbeitender Mensch führt; in der Regel wird ihm auch die Auflage zu machen sein, nach seinen Kräften den Schaden, den er durch seine Straftat verursacht hat, zu ersetzen.

§ 26.

Wenn das Gericht gegen den bedingt Verurteilten eine Zusatzstrafe verhängt, entscheidet es von neuem über die bedingte Verurteilung.

§ 27.

1. Wenn der bedingt Verurteilte während der Probezeit ein ordentliches Leben als arbeitender Mensch geführt und den auferlegten Bedingungen entsprochen hat, erklärt das Gericht, daß er sich bewährt hat; im andern Falle entscheidet es, daß die Strafe vollstreckt wird.

2. Wenn binnen einem Jahre nach rechtskräftiger Erklärung des Gerichts, daß der bedingt Verurteilte sich bewährt habe, hervorkommt, daß die Strafe hätte vollstreckt werden sollen, entscheidet das Gericht nachträglich, daß die Strafe vollstreckt wird.

§ 28.

1. Wenn das Gericht auch nachträglich nicht entscheidet, daß die Strafe vollstreckt wird, ist der Täter anzusehen, als ob er nicht verurteilt worden wäre.

2. Ebenso wird der Täter angesehen, als ob er nicht verurteilt worden wäre, wenn das Gericht ohne Verschulden des Täters binnen zwei Jahren nach Ablauf der Probezeit nicht darüber entscheidet, ob er sich bewährt hat.

Zweiter Abschnitt.

Verhängung und Vollstreckung der einzelnen Strafen.

Todesstrafe.

§ 29.

1. Die Todesstrafe wird durch Erhängen vollstreckt; in einer Zeit erhöhter Gefährdung des Vaterlandes kann sie durch Erschießen vollstreckt werden.

2. An Stelle der im Gesetz vorgesehenen Todesstrafe verhängt das Gericht die Strafe lebenslanger oder 15- bis 20jähriger Freiheitsentziehung, wenn die Todesstrafe im Hinblick auf die Person des Täters oder auf das Gewicht der mildernden Umstände unverhältnismäßig streng wäre.

3. Gegen eine schwangere Frau kann die Todesstrafe nicht verhängt werden; in einem solchen Falle tritt an die Stelle der im Gesetz vorgesehenen Todesstrafe die Strafe lebenslanger Freiheitsentziehung. Unter den im Absatz 2 angeführten Bedingungen verhängt das Gericht auch an Stelle dieser Strafe die Strafe der Freiheitsentziehung von 15 bis 20 Jahren.

4. Eine Herabsetzung der in den Absätzen 2 und 3 angeführten Strafen ist ausgeschlossen.

Freiheitsentziehung.

§ 30.

Herabsetzung der Strafe.

1. Das Gericht kann die Strafe der Freiheitsentziehung unter die untere Grenze des Strafsatzes herabsetzen, wenn das durch die Verhältnisse des Täters oder durch das Gewicht der mildernden Umstände begründet ist.

2. Bei der Herabsetzung der Strafe der Freiheitsentziehung nach Absatz 1 darf nicht verhängt werden eine Strafe

a) unter 10 Jahren, wenn nach dem Gesetz eine Strafe lebenslanger Freiheitsentziehung zu verhängen ist,

b) unter 5 Jahren, wenn die untere Grenze des Strafsatzes mindestens 15 Jahre beträgt,

c) unter 3 Jahren, wenn die untere Grenze des Strafsatzes mindestens 10 Jahre beträgt,

d) unter einem Jahr, wenn die untere Grenze des Strafsatzes mindestens 5 Jahre beträgt.

§ 31.

Dauer der Strafe.

Die Strafe zeitlicher Freiheitsentziehung darf auch nach Erhöhung nach diesem Gesetz nicht mehr als 25 Jahre betragen.

§ 32.

Strafvollstreckung*).

1. Die Strafe der Freiheitsentziehung wird in Strafanstalten, Gerichtsgefängnissen oder Arbeitsabteilungen, und, soweit es sich um Militärpersonen im Dienste handelt, auch in militärischen Strafabteilungen, vollstreckt. Eine nützliche Arbeit soll dem Gefangenen die Möglichkeit geben, nach seiner Entlassung sich in die Reihen der Arbeitenden einzugliedern.

2. Wenn der Täter die Straftat nach Erreichung des 18. Lebensjahrs begangen hat und die verhängte Strafe der Freiheitsentziehung oder der überwiegende Teil von ihr bis zum 20. Lebensjahr des Täters vollstreckt werden kann, kann das Gericht bestimmen, daß die Strafe wie bei einem Jugendlichen vollstreckt wird (§ 62). Diese Bestimmung erstreckt sich nicht auf Militärpersonen im Dienste.

---

*) § 276 StPO:

Absehen von der Strafvollstreckung.

1. Der Prokurator kann von der Vollstreckung der Strafe oder des Strafrestes absehen, wenn der Verurteilte ausgeliefert oder ausgewiesen wurde oder werden soll.

2. Wenn es nicht zur Durchführung der Auslieferung oder Ausweisung kommt oder wenn der Ausgelieferte oder Ausgewiesene zurückkehrt, wird die Strafe der Freiheitsentziehung oder ihr Strafrest vollstreckt.

§ 277 StPO: Aufschub und Unterbrechung der Strafvollstreckung und Absehen von der Strafvollstreckung bei Militärpersonen.

§ 33.

Bedingte Entlassung.

Nach Verbüßung der Hälfte der Strafe der Freiheitsentziehung oder der Hälfte der Gesamtzeit solcher nacheinander verhängten Strafen, und bei lebenslanger Freiheitsentziehung nach Verbüßung von 15 Jahren, kann der Gefangene bedingt entlassen werden, wenn er während des Strafvollzugs durch seine Arbeit und sein Verhalten eine Besserung bewiesen hat, die zu der Hoffnung berechtigt, daß er ein ordentliches Leben als arbeitender Mensch führen wird.

§ 34.

1. Bei bedingter Entlassung wird die Probezeit auf zwei bis zehn Jahre festgesetzt. Diese Zeit beginnt mit der bedingten Entlassung des Häftlings.

2. Einem bedingt Entlassenen können angemessene Beschränkungen, die dahin zielen, daß er ein ordentliches Leben als arbeitender Mensch führt, auferlegt werden; es kann ihm auch auferlegt werden, nach seinen Kräften den Schaden, den er durch seine strafbare Handlung verursacht hat, zu ersetzen.

§ 35.

1. Wenn der bedingt Entlassene während der Probezeit ein ordentliches Leben als arbeitender Mensch geführt und den auferlegten Bedingungen entsprochen hat, wird er angesehen, als ob er die Strafe mit dem Tage, an dem er bedingt entlassen wurde, verbüßt hätte; im andern Falle wird entschieden, daß der Strafrest zu vollstrecken ist.

2. Ebenso wird ein bedingt Entlassener angesehen, als ob er die Strafe mit dem Tage, an dem er bedingt entlassen wurde, verbüßt hätte, wenn ohne sein Verschulden binnen zwei Jahren nach Ablauf der Probezeit nicht entschieden wird, daß der Strafrest zu vollstrecken ist.

3. Wiederholte bedingte Entlassung aus derselben Strafe ist möglich nach Verbüßung der Hälfte des Strafrestes und bei lebenslanger Freiheitsentziehung nach Verbüßung weiterer 15 Jahre.

§ 36.

Einweisung in ein Zwangsarbeitslager.

1. Wer durch seine Straftat eine feindselige Einstellung gegenüber der volksdemokratischen Ordnung zum Ausdruck gebracht hat und während des Strafvollzugs durch seine Arbeit und sein Verhalten keine Besserung bewiesen hat, die zu der Hoffnung berechtigt, daß er ein ordentliches Leben als arbeitender Mensch führen wird, kann nach Verbüßung der ganzen Strafe zeitlicher Freiheitsentziehung auf die Dauer von drei Monaten bis zu zwei Jahren in ein Zwangsarbeitslager eingewiesen werden.

2. Eine Person, die jünger als 18 Jahre ist, kann nicht in ein Zwangsarbeitslager eingewiesen werden.

Besserungsmaßnahmen.

§ 37.

1. An Stelle der Strafe einer drei Monate nicht übersteigenden Freiheitsentziehung verhängt das Gericht gegen einen Täter, der sonst ein ordentliches Leben als arbeitender Mensch führt, Besserungsmaßnahmen auf die Dauer von einem bis zu sechs Monaten, wenn es der Ansicht ist, daß der Strafvollzug zur Besserung des Täters notwendig ist, aber hierzu diese mildere Strafe genügt.

2. Besserungsmaßnahmen können nicht verhängt werden,

a) wenn es sich um eine Straftat handelt, bei der bedingte Verurteilung ausgeschlossen ist,

b) wenn der Verhängung dieser Strafe ein wichtiges allgemeines Interesse entgegensteht,

c) wenn der Täter dauernd arbeitsunfähig ist, oder

d) wenn der Täter der Militärgerichtsbarkeit unterliegt*).

§ 38.

Eine Besserungsmaßnahme wird in Freiheit vollstreckt. Sie besteht darin, daß der Täter verpflichtet wird, für die Dauer der Strafzeit eine ihm vorgeschriebene Arbeit gegen niedrigeren Arbeitslohn und ohne einige aus dem Arbeitsverhältnis sich ergebende Vorteile (§ 39) zu verrichten.

§ 39.

1. Wenn der Täter in einem Arbeitsverhältnis steht, insbesondere wenn er überwiegend körperliche Arbeit leistet, ordnet das Gericht eine Änderung der Beschäftigung nicht an. Aus wichtigen Gründen kann das Gericht aber für die Dauer der Strafe eine Änderung der Beschäftigung des Täters anordnen, besonders in der Richtung, daß er weniger verantwortliche Arbeit oder an einem anderen Arbeitsplatz verrichte; in diesem Fall setzt das Gericht gleichzeitig Grundsätze fest für die Bestimmung von Art, Durchführung und Ort der Beschäftigung des Täters.

2. Von dem Lohn, den der Verurteilte für seine Arbeit erhält, verfällt ein Viertel dem Staat; das Gericht kann jedoch diesen Anteil bis auf ein Zehntel des Lohns verringern.

3. Die Zeit des Vollzugs einer Besserungsmaßnahme wird auf die Zeitdauer eines Arbeitsverhältnisses nicht angerechnet, soweit dessen Länge Bedeutung für die Entstehung oder den Umfang der Ansprüche aus dem Arbeitsverhältnis hat. Ansprüche des Täters aus der Sozialversicherung bleiben unberührt.

§ 40.

1. Die Zeit, innerhalb welcher der Täter eine ihm vorgeschriebene Arbeit aus irgendeinem Grunde nicht ausführt, wird auf den Vollzug einer Besserungsmaßnahme nicht angerechnet.

---

*) Wer der Militärgerichtsbarkeit unterliegt, ist in den §§ 7—10 StPO. geregelt.

2. Wenn der Täter eine ihm vorgeschriebene Arbeit nicht innerhalb der festgesetzten Frist antritt oder sie nicht ordentlich ausführt, ändert das Gericht die Besserungsmaßnahme in eine Strafe der Freiheitsentziehung ab. Für zwei Tage nicht vollzogener Besserungsmaßnahme verhängt das Gericht einen Tag Freiheitsentziehung.

§ 41.

Wenn die Besserungsmaßnahme vollzogen wurde, wird der Täter angesehen, als ob er nicht verurteilt worden wäre; die Zeit des Vollzugs der Besserungsmaßnahme wird jedoch auf die Dauer des Arbeitsverhältnisses (§ 39 Abs. 3) erst nach Ablauf eines Jahres nach Vollzug der Strafe angerechnet.

Verlust der Staatsbürgerschaft.

§ 42.

1. Das Gericht kann den Verlust der Staatsbürgerschaft nur aussprechen, soweit das Gesetz es ausdrücklich bestimmt.

2. Die Strafe des Verlustes der Staatsbürgerschaft schließt den Verlust der bürgerlichen Ehrenrechte, den Ausschluß aus der Armee und den Verfall des gesamten Vermögens in sich.

Verlust der bürgerlichen Ehrenrechte.

§ 43.

1. Das Gericht spricht den Verlust der bürgerlichen Ehrenrechte aus, wenn es den Täter wegen einer vorsätzlich begangenen Straftat zum Tode, zu lebenslanger Freiheitsentziehung oder zeitlicher zwei Jahre übersteigender Freiheitsentziehung verurteilt, oder wenn der Täter durch seine Straftat eine feindselige Einstellung gegenüber der volksdemokratischen Ordnung gezeigt hat. Das Gericht kann diese Strafe aber auch aussprechen, wenn der Täter durch seine Straftat wichtige politische, militärische oder wirtschaftliche Interessen der Republik geschädigt hat.

2. Die Strafe des Verlustes der bürgerlichen Ehrenrechte schließt den Verlust des militärischen Ranges in sich.

§ 44.

1. Der Verlust der bürgerlichen Ehrenrechte besteht darin, daß der Verurteilte

a) die Mitgliedschaft in einem Nationalausschuß, oder andere Funktionen eines Volksvertreters, zu denen er nach dem Gesetz gewählt wurde; die Funktion eines Volksrichters; seine Funktion in einer Genossenschaft,

b) die Funktion eines leitenden oder entscheidenden Angestellten einer Anstalt, eines Fonds oder einer staatlich verwalteten Einrichtung,

c) die Funktion eines leitenden oder entscheidenden Angestellten eines staatlichen, nationalen, kommunalen oder anderen öffentlichen Unternehmens oder einer Genossenschaft,

d) akademische Titel, Würden eines Wissenschaftlers oder Künstlers und

e) tschechoslowakische Auszeichnungen und Ehrenanerkennungen, das Recht, ausländische Auszeichnungen zu tragen, und das Recht, ausländische Ehrentitel zu führen,

verliert.

2. Ferner verliert der Verurteilte auf Zeit, und wenn die Todesstrafe oder lebenslange Freiheitsentziehung verhängt wird, auf immer,

a) das Wahlrecht,

b) das Recht, in öffentlichen Organisationen Funktionen zu versehen,

c) das Recht, in Wort und Druck sich öffentlich zu äußern,

d) die Fähigkeit, einen akademischen Titel oder die Würde eines Wissenschaftlers oder Künstlers zu erlangen, und

e) das Recht, einen Beruf auszuüben, für den ein akademischer Titel Bedingung ist.

3. Das Gericht setzt den zeitlichen Verlust der in Absatz 2 angeführten bürgerlichen Rechte auf 3 bis 10 Jahre fest; die Zeit des Vollzugs der Strafe der Freiheitsentziehung wird auf diese Zeit nicht angerechnet.

Ausschluß aus der Armee.

§ 45.

Das Gericht schließt den Täter aus der Armee aus, wenn er als Militärperson zum Tode, zu einer lebenslangen Freiheitsentziehung oder zu einer zeitlichen Freiheitsentziehung von mindestens 20 Jahren verurteilt wird.

Verlust des militärischen Ranges.

§ 46.

1. Ein staatliches Gericht und ein Militärgericht können den Verlust des militärischen Ranges aussprechen, wenn die Dienstinteressen es erfordern.

2. Der Verlust des militärischen Ranges hat zur Folge, daß der Verurteilte in der Armee zum einfachen Soldaten degradiert wird, und in einer Formation, deren Angehörige der Militärgerichtsbarkeit unterliegen, seinen Rang verliert.

Verfall des Vermögens.

§ 47.

1. Das Gericht spricht den Verfall des Vermögens aus, soweit das Gesetz es ausdrücklich bestimmt; das Gericht kann ihn aber auch aussprechen, wenn der Täter wegen einer vorsätzlich begangenen Straftat zum Tode, zu lebenslanger Freiheitsentziehung oder zu zeit-

licher Freiheitsentziehung von wenigstens 3 Jahren verurteilt wird, oder wenn der Täter durch seine Straftat eine feindselige Einstellung gegenüber der volksdemokratischen Ordnung gezeigt hat.

2. Der Verfall des Vermögens trifft das gesamte Vermögen des Täters, oder den Teil davon, den das Gericht bestimmt.

3. Eigentümer des verfallenen Vermögens wird der Staat.

Geldstrafe.

§ 48.

Verhängung und Bemessung der Strafe.

1. Das Gericht verhängt eine Geldstrafe, wenn das Gesetz es ausdrücklich bestimmt, sofern nicht offenbar ist, daß diese Strafe nicht beizutreiben sein würde; das Gericht kann sie jedoch gemeinsam mit der Strafe der Freiheitsentziehung auch bei anderen Straftaten verhängen, insbesondere wenn der Täter durch seine Straftat eine feindselige Einstellung gegenüber der volksdemokratischen Ordnung gezeigt hat oder die Straftat aus Gewinnsucht begangen hat.

2. Bei der Bemessung der Geldstrafe berücksichtigt das Gericht die persönlichen und Vermögensverhältnisse des Täters in der Weise, daß die Geldstrafe für ihn vor allem eine fühlbare Beschränkung des Vermögens, das er ohne Arbeit durch Gewinne erworben hat, und eine Entziehung der Vermögensgrundlage, aus der heraus die Straftat entstanden ist, bedeutet. Die Geldstrafe wird in einer Höhe bis zu 10 Millionen Kcs bemessen und darf nicht weniger als 1000 Kcs betragen.

3. Der eingenommene Betrag einer Geldstrafe fällt dem Staate zu.

§ 49.

Ersatzstrafe.

1. Wenn das Gericht neben einer zeitlichen Freiheitsentziehung auch eine Geldstrafe verhängt, setzt es gleichzeitig für den Fall ihrer Uneinbringlichkeit eine Ersatzstrafe der Freiheitsentziehung fest.

2. Die Ersatzstrafe und die Strafe der zeitlichen Freiheitsentziehung zusammen dürfen nicht die obere Grenze des gesetzlichen Strafsatzes um mehr als ein Viertel übersteigen. Bei der Bemessung der Ersatzstrafe berücksichtigt das Gericht die persönlichen Verhältnisse des Täters und die Höhe der verhängten Geldstrafe.

§ 50.

Haftung für eine uneinbringliche Strafe.

Das Gericht kann bestimmen, daß für eine uneinbringliche gegen den Täter verhängte Geldstrafe auch der Eigentümer eines Privatunternehmens, in dessen Betrieb die Straftat begangen wurde, oder eine Person, die für die Leitung eines solchen Unternehmens verantwortlich ist, haftet, sofern diese Personen fahrlässig zur Begehung der strafbaren Handlung beigetragen haben.

Tätigkeitsverbot.

§ 51.

1. Wenn der Täter bei Ausübung einer Tätigkeit oder eines Berufs eine strafbare Handlung begangen hat, durch die er die wirtschaftlichen Interessen der Republik geschädigt oder gefährdet hat, verbietet das Gericht dem Täter auf Zeit oder auf immer, eine solche Tätigkeit oder einen solchen Beruf auszuüben.

2. Das Gericht kann dem Täter auf Zeit oder auf immer verbieten, eine Tätigkeit oder einen Beruf auszuüben, wenn
a) der Täter die Straftat in Zusammenhang mit dieser Tätigkeit oder diesem Beruf begangen hat,
b) der Täter seine Tätigkeit oder seinen Beruf zur Begehung einer Straftat mißbrauchen könnte, oder
c) ihre Ausübung durch den Täter dem Gemeinwohl zuwiderlaufen würde.

3. Ein zeitliches Verbot nach Absatz 1 oder 2 wird vom Gericht auf die Dauer von 3 bis 10 Jahren festgesetzt; die Zeit des Vollzugs einer Strafe der Freiheitsentziehung wird auf diese Zeit nicht angerechnet.

Ausweisung*).

§ 52.

Das Gericht verhängt gegen einen Täter, der nicht tschechoslowakischer Bürger ist, die Strafe der Ausweisung aus dem Gebiet der Tschechoslowakischen Republik, wenn die Sicherheit von Menschen oder Eigentum oder ein anderes allgemeines Interesse es erfordert.

Aufenthaltsverbot*).

§ 53.

Das Gericht verbietet dem Täter auf Zeit oder auf immer den Aufenthalt in irgendeinem Teil des Gebiets der Tschechoslowakischen Republik, wenn die Sicherheit von Menschen oder Eigentum oder ein anderes allgemeines Interesse es erfordert.

Urteilsveröffentlichung.

§ 54.

Das Gericht erkennt auf Veröffentlichung des Urteils, wenn ein allgemeines Interesse es erfordert.

---

*) § 98 Verw.StG :

Unbefugter Aufenthalt.

Mit Geldbuße bis 50.000 Kcs oder Freiheitsentziehung bis zu 2 Monaten wird bestraft:
a) ein Ausländer, der sich unbefugt im Gebiet der Tschechoslowakischen Republik aufhält oder der die in der Aufenthaltsgenehmigung ihm auferlegten Bedingungen nicht einhält,
b) wer unbefugt das Gebiet oder die Orte betritt, von wo er ausgewiesen oder wohin der Zutritt amtlich verboten ist, oder in solchen Gebieten oder Orten sich aufhält, oder wer unbefugt das Gebiet, in dem ihm ein Aufenthaltsort amtlich zugewiesen wurde, verläßt.

Verfall einer Sache.

§ 55.

1. Das Gericht erklärt in der Regel eine Sache für verfallen,

a) die zur Begehung einer Straftat benutzt wurde,

b) die zur Begehung einer Straftat bestimmt war,

c) die der Täter durch die Straftat oder zur Belohnung dafür erlangt hat, oder

d) die der Täter für eine unter Buchst. c) angeführte Sache erworben hat.

2. Nur eine dem Täter gehörige Sache kann für verfallen erklärt werden.

3. Eigentümer der verfallenen Sache wird der Staat.

Dritter Abschnitt.

Besondere Bestimmungen über die Bestrafung Jugendlicher.

§ 56.

Jugendlichkeit.

Bei der Bestrafung von Personen, die zur Zeit der Begehung der Straftat das 15. Lebensjahr erreicht und das 18. Lebensjahr nicht überschritten haben (Jugendliche), berücksichtigt das Gericht die besondere Fürsorge, die die volksdemokratische Republik der Jugend widmet.

§ 57.

Strafzweck.

Bei einem Jugendlichen besteht der Zweck der Strafe vor allem darin, ihn zu einem ordentlichen arbeitenden Menschen zu erziehen, und zwar unter Berücksichtigung seiner persönlichen Eigenschaften, seiner Erziehung in der Familie und des Milieus, aus dem er stammt.

§ 58.

Absehen von der Bestrafung*).

1. Das Gericht kann von einer Bestrafung absehen,

a) wenn der Jugendliche aus entschuldbarem Grunde nicht voll erkennen konnte, daß sein Handeln für die Gesellschaft gefährlich ist,

b) wenn es sich um eine Straftat von geringer Bedeutung handelt, zu der der Jugendliche durch Gelegenheit oder schwierige persönliche oder Familienverhältnisse verführt wurde,

*) Nach § 230 StPO kann der Prokurator die Strafverfolgung eines Jugendlichen einstellen, „wenn einer der Gründe vorliegt, wegen derer das Gericht von der Bestrafung des Jugendlichen absehen könnte".

c) wenn es sich um eine Straftat von geringer Bedeutung handelt, die der Jugendliche aus Unüberlegtheit oder unter dem Einfluß einer anderen Person begangen hat, oder

d) wenn das Gericht der Ansicht ist, daß Schutzerziehung, die es anordnet, den Strafzweck erfüllt.

2. Sieht das Gericht von Bestrafung ab, wird der Jugendliche angesehen, als ob er nicht verurteilt worden wäre.

§ 59.

Ausschluß einiger Strafarten.

Gegen einen Jugendlichen kann nicht verhängt werden:

a) die Todesstrafe,
b) der Verlust der Staatsangehörigkeit,
c) der Verlust der bürgerlichen Ehrenrechte,
d) der Ausschluß aus der Armee,
e) das Verbot einer Tätigkeit,
f) das Aufenthaltsverbot,
g) die Strafe der Urteilsveröffentlichung.

§ 60.

Verhängung der Strafe.

1. An die Stelle der im Gesetz vorgeschriebenen Todesstrafe oder Strafe lebenslanger Freiheitsentziehung tritt bei einem Jugendlichen die Strafe der Freiheitsentziehung von 3 bis 15 Jahren, und wenn es sich um eine Militärperson im Dienst handelt, welche die Straftat in einer Zeit erhöhter Gefährdung des Vaterlandes begangen hat, Freiheitsentziehung von 10 bis 15 Jahren. Eine Herabsetzung dieser Strafen ist ausgeschlossen.

2. Die gesetzlichen Strafsätze zeitlicher Freiheitsentziehung sind bei einem Jugendlichen auf die Hälfte herabzusetzen, wobei aber die oberen Grenzen der herabgesetzten Strafsätze niemals 5 Jahre und die unteren Grenzen niemals ein Jahr überschreiten dürfen. Eine Herabsetzung dieser Strafen ist zulässig, auch soweit das Gesetz es sonst ausschließt. Diese Bestimmungen beziehen sich nicht auf eine Militärperson im Dienst, welche die Straftat in einer Zeit erhöhter Gefährdung des Vaterlandes begangen hat.

3. Eine Ersatzstrafe für eine Geldstrafe wird vom Gericht gegen einen Jugendlichen nicht verhängt.

§ 61.

Bedingte Verurteilung und bedingte Entlassung

1. Wenn die verhängte Strafe der Freiheitsentziehung 3 Jahre nicht übersteigt, kann das Gericht bei einem Jugendlichen eine bedingte Verurteilung aussprechen, und zwar auch soweit das Gesetz es sonst ausschließt.

2. Wenn der Jugendliche, der bedingt verurteilt oder bedingt entlassen wurde, zu der Zeit, als er die Ursache zum Vollzug der Strafe gab, das 20. Lebensjahr nicht erreicht hat, kann im Hinblick auf Ausnahmeumstände des Falles die bedingte Verurteilung oder bedingte Entlassung in Gültigkeit belassen werden. Hierbei kann die Probezeit angemessen verlängert werden, jedoch nicht um mehr als 2 Jahre.

§ 62.

Vollzug der Strafe der Freiheitsentziehung.

1. Die gegen einen Jugendlichen verhängte Strafe der Freiheitsentziehung wird in selbständigen Anstalten für Jugendliche oder besonderen Abteilungen der Gerichtsgefängnisse vollstreckt. Wenn der Jugendliche aber schon das 18. Lebensjahr erreicht hat, und begründete Besorgnis besteht, daß er verderblichen Einfluß auf die sittliche Entwicklung der Mithäftlinge ausübt, wird die Strafe oder der Strafrest in einer Strafanstalt, einem Gerichtsgefängnis oder einer Arbeitseinheit vollstreckt. Diese Bestimmungen beziehen sich nicht auf eine Militärperson im Dienst.

2. Die Strafe der Freiheitsentziehung wird unter entsprechender Berücksichtigung der charakterlichen Eigenschaften und Fähigkeiten des Jugendlichen vollstreckt. Hierbei ist darauf zu achten, daß der Jugendliche auf einen künftigen Beruf fachlich vorbereitet wird.

§ 63.

Gesamt- und Zusatzstrafe.

Die besonderen Bestimmungen über die Bestrafung Jugendlicher finden keine Anwendung, wenn das Gericht gegen den Täter eine Gesamt- oder Zusatzstrafe für Straftaten, die teils vor Erreichung des 18. Lebensjahres teils nachher begangen wurden, verhängt und das Gesetz für die vor Erreichung des 18. Lebensjahres begangene Straftat eine gleiche oder strengere Strafe festsetzt.

FÜNFTES HAUPTSTÜCK.

ERLÖSCHEN DER STRAFBARKEIT UND STRAFE.

§ 64.

Tätige Reue.

1. Die Strafbarkeit des Hochverrats (§ 78), der Vereinigungen gegen die Republik (§§ 79 und 80), der Sabotage (§§ 84 und 85), der Spionage (§§ 86 und 87), der Gefährdung eines Staatsgeheimnisses nach den §§ 88 und 89, des Treubruchs (§§ 93 und 94), der Schädigung im Kriege (§§ 99 und 100), der Verbindung zu einem Angriff gegen einen verfassungsmäßigen Funktionär (§ 107), der Gefährdung eines Wirtschafts- und Dienstgeheimnisses (§§ 112 bis 114), der unerlaubten Bewaffnung (§§ 120 und 121), der Gefährdung des einheitlichen Wirtschaftsplans nach § 135, der Steuerhinterziehung und Steuer-

gefährdung nach § 149 Abs. 2, der Verletzung von Vorschriften über den Warenumlauf im Verkehr mit dem Ausland gemäß § 152 Abs. 2, der Verbindung (§ 166), der Gefangenenmeuterei nach § 170 Abs. 2, der Gemeingefährdung (§§ 190 bis 192), der Gefährdung des Betriebs gemeinnütziger Einrichtungen (§§ 194 und 195), der Verbreitung ansteckender Krankheiten (§§ 199 bis 202), der Gefährdung der Gesundheit durch nicht einwandfreie Lebensmittel und andere Bedarfsartikel (§§ 203 und 204), der Verbindung zur Fahnenflucht (§ 275) und der Verbindung zur Meuterei (§ 277) erlischt, wenn der Täter

a) den schädlichen Erfolg der Straftat freiwillig verhindert oder gutmacht, oder

b) freiwillig zu einer Zeit, da der schädliche Erfolg der Straftat noch verhindert werden konnte, eine Anzeige über die Straftat erstattet. Die Anzeige muß beim Prokurator oder einem Organ der nationalen Sicherheit erstattet werden; wenn der Täter der Militärgerichtsbarkeit unterliegt, kann er statt dessen eine Anzeige bei seinem Vorgesetzten erstatten.

2. Durch die Anzeige der Straftat erlischt aber nicht die Strafbarkeit dessen, der die Straftat veranlaßt oder zu ihr angestiftet hat, um Anlaß zur Strafverfolgung einer anderen Person zu geben.

§ 65.

Verjährung der Strafverfolgung.

1. Die Strafbarkeit der Tat erlischt durch Ablauf der Verjährungszeit. Diese beträgt

a) 20 Jahre, wenn die Straftat nach dem Gesetz mit Todesstrafe oder lebenslanger Freiheitsentziehung bedroht ist,

b) 10 Jahre, wenn die obere Grenze des Strafsatzes zeitlicher Freiheitsentziehung wenigstens 10 Jahre beträgt,

c) 5 Jahre, wenn die obere Grenze des Strafsatzes zeitlicher Freiheitsentziehung wenigstens 3 Jahre beträgt,

d) 3 Jahre bei allen übrigen Straftaten.

2. In die Verjährungszeit wird die Zeit nicht eingerechnet, während welcher der Täter wegen eines gesetzlichen Hindernisses oder weil er vorsätzlich die Strafverfolgung vereitelt, nicht vor Gericht gestellt werden kann.

3. Die Verjährung der Strafverfolgung wird unterbrochen,

a) wenn der Prokurator oder das Gericht Maßnahmen trifft, die auf die Verfolgung des Täters wegen der Straftat, um deren Verjährung es sich handelt, gerichtet sind, oder

b) wenn der Täter innerhalb der Verjährungszeit eine neue Straftat begeht, für die das Gesetz die gleiche oder eine strengere Strafe bestimmt.

4. Mit der Unterbrechung der Verjährung beginnt eine neue Verjährungszeit.

§ 66.

Verjährung der Strafvollstreckung.

1. Eine verhängte Strafe kann nach Ablauf der Verjährungsfrist nicht mehr vollstreckt werden. Diese beträgt
a) 20 Jahre, wenn es sich um eine Verurteilung zum Tode oder zu lebenslanger Freiheitsentziehung handelt,
b) 15 Jahre, wenn es sich um eine Verurteilung zu einer zeitlichen, 10 Jahre nicht übersteigenden Freiheitsentziehung handelt,
c) 10 Jahre, wenn es sich um eine Verurteilung zu einer mindestens fünfjährigen zeitlichen Freiheitsentziehung handelt,
d) 5 Jahre bei Verurteilung zu einer anderen Strafe.

2. Die Verjährungszeit beginnt mit der Rechtskraft des Urteils, und bei bedingter Verurteilung mit der Rechtskraft der Entscheidung, daß die Strafe vollzogen wird. In die Verjährungszeit wird die Zeit, während der die Strafe deshalb nicht vollstreckt werden kann, weil der Verurteilte sich im Ausland aufhält, nicht eingerechnet.

3. Die Verjährung der Strafvollstreckung wird unterbrochen,
a) wenn der Prokurator oder das Gericht Maßnahmen trifft, die auf die Vollstreckung der Strafe, um deren Verjährung es sich handelt, gerichtet sind, oder
b) wenn der Verurteilte innerhalb der Verjährungszeit eine neue Straftat begeht, für die das Gesetz die gleiche oder eine strengere Strafe als für die Straftat, wegen der der Täter verurteilt wurde, bestimmt.

4. Mit der Unterbrechung der Verjährung beginnt eine neue Verjährungszeit.

Tilgung der Verurteilung.

§ 67.

1. Das Gericht tilgt die Verurteilung, wenn der Verurteilte nach Vollstreckung oder Erlaß der Strafe oder nach Verjährung der Vollstreckung ein ordentliches Leben als arbeitender Mensch ununterbrochen während einer Zeit von
a) 10 Jahren, wenn es sich um die Verurteilung zu einer zeitlichen, ein Jahr übersteigenden Strafe der Freiheitsentziehung handelt,
b) 5 Jahren, wenn es sich um die Verurteilung zu einer 3 Monate übersteigenden zeitlichen Freiheitsentziehung handelt,
c) 3 Jahren, wenn es sich um die Verurteilung zu einer 3 Monate nicht übersteigenden zeitlichen Freiheitsentziehung handelt, geführt hat.

2. Wenn die Straftat in einem Alter bis zu 20 Jahren begangen wurde, werden die in Absatz 1 angeführten Fristen bis auf die Hälfte herabgesetzt.

§ 68.

1. Wenn die Verurteilung getilgt wurde, wird der Täter angesehen, als ob er nicht verurteilt worden wäre.

2. Wenn binnen einem Jahr, nachdem das Gericht die Verurteilung rechtskräftig getilgt hat, sich herausstellt, daß die Verurteilung nicht hätte getilgt werden sollen, hebt das Gericht seine Entscheidung auf, wenn nicht inzwischen die Bedingungen der Tilgung erfüllt sind.

SECHSTES HAUPTSTÜCK.

SCHUTZMASSNAHMEN.

§ 69.

Zweck der Schutzmaßnahmen.

1. Als Schutzmaßnahmen können Schutzheilung, Schutzerziehung und Beschlagnahme verhängt werden, jedoch nur unter den in den §§ 70, 71 und 74 angeführten Bedingungen; Zweck der Schutzmaßnahmen ist:

a) die Gesellschaft vor Straftaten zu schützen, zu denen es in Zukunft kommen könnte,

b) den Personen, die infolge Krankheit oder vernachlässigter Erziehung eine Straftat begehen könnten, durch Heilung und Erziehung die Möglichkeit zu geben, nützliche Glieder der Gesellschaft zu werden.

2. Wenn der Zweck der Schutzmaßnahmen nicht schon durch Verhängung und Vollstreckung der Strafe erfüllt ist, können Schutzmaßnahmen auch neben der Strafe verhängt werden.

§ 70.

Schutzheilung.

1. Wenn der Täter einer Straftat wegen Unzurechnungsfähigkeit strafrechtlich nicht verantwortlich und sein Belassen in Freiheit gefährlich ist, ordnet das Gericht seine Einlieferung in eine Heilanstalt an; das Gericht kann diese Anordnung auch treffen, wenn ein Täter, der sich übermäßigem Genuß alkoholischer Getränke oder betäubender Mittel hingibt, eine Straftat in Trunkenheit oder einer anderen ähnlichen Berauschung begeht.

2. Die Schutzheilung dauert so lange, als ihr Zweck es erfordert. Über die Entlassung aus der Schutzheilung entscheidet das Gericht.

3. Von Schutzheilung kann das Gericht absehen, wenn vor ihrem Beginn die Umstände, wegen derer sie angeordnet wurde, wegfallen.

Schutzerziehung.

§ 71.

1. Findet das Gericht in einem Strafverfahren gegen einen Jugendlichen, daß für dessen Erziehung nicht gehörig gesorgt ist oder daß seine bisherige Erziehung vernachlässigt wurde oder daß die Umgebung, in der er lebt, es erfordert, ordnet es die Schutzerziehung des Jugendlichen an.

2. Wenn eine Person, die das 12. Lebensjahr erreicht hat und jünger als 15 Jahre ist, eine sonst strafbare Handlung begeht, die vom Gesetz mit Todesstrafe oder lebenslanger Freiheitsentziehung bedroht ist, ordnet das Vormundschafts-(Pflegschafts-)gericht die Schutzerziehung dieser Person an; das Vormundschafts-(Pflegschafts-)gericht kann diese Anordnung auch treffen, wenn sie zur Sicherstellung einer ordentlichen Erziehung einer unter 15 Jahre alten Person, die sonst eine strafbare Handlung begangen hat, notwendig ist.

3. Die Schutzerziehung kann nicht angeordnet werden, wenn es sich um eine Militärperson (§ 269 Abs. 2) handelt.

§ 72.

Die Schutzerziehung wird in Erziehungsanstalten durchgeführt; wenn es aber der Gesundheitszustand des Pfleglings erfordert, wird sie in einer Heilanstalt durchgeführt.

§ 73.

1. Die Schutzerziehung dauert so lange, als ihr Zweck es erfordert, jedoch längstens bis zur Erreichung des 18. Lebensjahrs; wenn das Interesse des Pfleglings es erfordert, kann sie bis zur Erreichung des 20. Lebensjahrs verlängert werden.

2. Von Schutzerziehung kann das Gericht absehen, wenn vor ihrem Beginn die Umstände, wegen derer sie angeordnet wurde, wegfallen.

§ 74.

Beschlagnahme.

1. Wenn eine in § 55 Abs. 1 angeführte Sache nicht für verfallen erklärt wurde, spricht das Gericht in der Regel die Beschlagnahme der Sache aus,

a) wenn sie einem Täter gehört, der nicht verfolgt oder verurteilt werden kann,
b) wenn sie einem Täter gehört, von dessen Bestrafung das Gericht abgesehen hat,
c) wenn sie einer Person gehört, die fahrlässig zur Begehung der Tat beigetragen hat, oder
d) wenn die Sicherheit von Menschen oder Eigentum oder ein anderes allgemeines Interesse es erfordert.

2. Eigentümer der beschlagnahmten Sache wird der Staat.

SIEBENTES HAUPTSTÜCK.

GEMEINSAME BESTIMMUNGEN.

Auslegung einiger Begriffe.

§ 75.

1. Unter Straftaten versteht man nur gerichtlich strafbare Taten, und soweit aus einzelnen Bestimmungen nichts anderes hervorgeht, auch den Versuch, die Anstiftung und die Beihilfe.

2. Unter Handlung versteht man auch die Unterlassung einer solchen Tätigkeit, zu der der Täter nach den Umständen und nach seinen Verhältnissen verpflichtet war.

3. Unter dem im Gesetz angeführten Erfolg versteht man die Summe der im Besonderen Teil aufgeführten Merkmale einer Straftat, mit Ausnahme des Verschuldens.

4. Unter einem besonders erschwerenden Umstand versteht man einen solchen Umstand, der in der Regel nicht mit der Straftat verbunden ist und der wegen seiner Wichtigkeit die Gefährlichkeit der Tat oder des Täters für die Gesellschaft erhöht.

5. Unter Zeit erhöhter Gefährdung des Vaterlandes versteht man eine Zeit, in der die Republik in den Zustand der Wehrbereitschaft eingetreten ist oder in der es zu Ereignissen kam, die in erhöhtem Maße die Selbständigkeit, die verfassungsmäßige Einheit, die gebietliche Integrität, die volksdemokratische Staatsform oder Gesellschaftsordnung der Republik oder die öffentliche Ruhe und Ordnung gefährden.

6. Unter Staatsgeheimnis versteht man alles, was in wichtigem Interesse der Republik, insbesondere in politischem, militärischem oder wirtschaftlichem Interesse, vor unberufenen Personen geheim bleiben soll.

7. Unter Wirtschaftsgeheimnis versteht man alles, was für ein Wirtschaftsunternehmen bezeichnend und bedeutsam ist und in allgemeinem Interesse vor unberufenen Personen geheim bleiben soll.

8. Unter Dienstgeheimnis versteht man eine wichtige Tatsache, die mit der Tätigkeit eines Nationalausschusses, eines Gerichts oder eines anderen Amts, eines öffentlichen Organs oder Unternehmens oder einer Genossenschaft zusammenhängt, und in allgemeinem Interesse vor unberufenen Personen geheim bleiben soll.

9. Unter Wahlrecht versteht man das Recht, in die gesetzgebenden Körperschaften oder in die Nationalausschüsse zu wählen oder gewählt zu werden.

10. Öffentlicher Funktionär ist, wer dazu berufen ist, öffentliche Angelegenheiten zu besorgen; unter diesen Bedingungen ist öffentlicher Funktionär insbesondere

a) ein Mitglied eines Nationalausschusses, ein anderer nach dem Gesetz gewählter Volksvertreter, ein Volksrichter, ein Funktionär einer Genossenschaft,
b) ein Staatsangestellter,
c) ein leitender oder entscheidender Angestellter eines staatlichen, nationalen, kommunalen oder anderen öffentlichen Unternehmens oder einer Genossenschaft,
d) ein Angehöriger der Wehrmacht oder einer anderen bewaffneten Formation, oder
e) ein Organ, das berufen ist, die Sicherheit von Menschen und Eigentum zu schützen oder zu gewährleisten, oder Entscheidungen eines öffentlichen Funktionärs persönlich durchzuführen.

§ 76.

11. Als öffentlich wird eine Urkunde angesehen, die von einem Nationalausschuß, von einem Gericht oder von einem andern Amt oder von einem öffentlichen Organ ausgestellt wurde und irgendein Recht oder eine Pflicht begründet oder einen bestimmten Zustand feststellt.

12. Unter Steuer versteht man jede öffentliche Abgabe samt Zuschlägen, wie immer sie auferlegt oder erhoben wird.

13. Unter einem schweren Nachteil an der Gesundheit versteht man

a) eine Verstümmelung,
b) den Verlust oder eine wesentliche Verminderung der Arbeitsfähigkeit,
c) die Lähmung eines Gliedes,
d) den Verlust oder eine wesentliche Schwächung einer Funktion des Sinnenorganismus,
e) die Beschädigung eines wichtigen Organs,
f) eine Entstellung,
g) die Erkrankung an einer Geschlechtskrankheit,
h) die Unterbrechung der Schwangerschaft ohne Zustimmung der Schwangeren,
ch) peinigende Qualen, oder
i) eine länger dauernde Gesundheitsstörung.

14. Unter nahestehenden Personen versteht man Verwandte in gerader Linie, Annehmende und Angenommene, Geschwister und Ehegatten; andere Personen in einem Familienverhältnis oder analogen Verhältnis werden nur dann als nahestehende Personen angesehen, wenn ein Nachteil, den eine dieser Personen erleidet, von der anderen mit Recht als ein eigener schwerer Nachteil empfunden werden würde.

§ 76.

1. Eine Straftat wird mit der Waffe begangen, wenn der Täter oder mit seinem Wissen einer der Mittäter zur Überwindung oder Verhinderung eines Widerstands sich einer Waffe bedient oder sie zu diesem Zwecke bei sich führt; unter Waffe versteht man, soweit aus einer Einzelvorschrift nichts anderes hervorgeht, alles, womit ein Angriff gegen einen Körper wirksamer gemacht werden kann.

2. Eine Straftat ist mit Gewalt auch dann begangen, wenn sie gegen eine Person begangen wird, die der Täter durch List in den Zustand der Wehrlosigkeit versetzt hat.

3. Eine Straftat ist öffentlich begangen, wenn sie

a) durch den Inhalt einer Druckschrift, einer vervielfältigten Schrift, durch Film, Rundfunk oder auf eine andere ähnlich wirksame Art,
b) wenigstens vor zwei Personen, oder
c) an einem öffentlich zugänglichen Orte und so, daß sie wenigstens von zwei Personen wahrgenommen werden konnte,

begangen wurde.

4. Eine Straftat wird erwerbsmäßig begangen, wenn der Täter danach trachtet, durch die Begehung solcher Straftaten sich wenigstens auf Zeit eine Einnahmequelle zu verschaffen.

§ 77.

Berechnung der Zeit und Strafe.

1. Wo das Gesetz mit dem Ablauf einer bestimmten Zeit irgendeinen Erfolg verbindet, wird der Tag, an dem das Ereignis eintrat, das ihren Beginn bestimmte, nicht eingerechnet.

2. Wo die Anwendung einer gesetzlichen Bestimmung von der Länge der Strafe der Freiheitsentziehung abhängig ist, wird eine Ersatzstrafe nicht als Geldstrafe berücksichtigt.

BESONDERER TEIL.

ERSTES HAUPTSTÜCK.

STRAFTATEN GEGEN DIE REPUBLIK.

Erster Abschnitt.

Straftaten gegen die Grundlagen der Republik.

§ 78.

Hochverrat.

1. Wer es versucht,

a) die Selbständigkeit oder verfassungsmäßige Einheit der Republik zu vernichten,

b) von der Republik einen Teil ihres Gebietes loszureißen,

c) die verfassungsmäßig gewährleistete volksdemokratische Staatsform oder Gesellschaftsordnung der Republik zu vernichten oder umzustürzen, oder

d) mit Gewalt oder durch Drohung mit Gewalt die verfassungsmäßige Tätigkeit des Präsidenten der Republik oder seines Stellvertreters, einer gesetzgebenden Körperschaft, der Regierung oder des Korps der Beauftragten*) unmöglich zu machen,

wird mit Freiheitsentziehung von 10 bis 25 Jahren oder lebenslanger Freiheitsentziehung bestraft.

2. Ebenso wird bestraft, wer

a) sich mit einem anderen zu einer im Abs. 1 angeführten Tat verbindet, oder

b) wegen einer solchen Tat mit einer ausländischen Macht oder mit ausländischen Funktionären in Verbindung tritt.

---

*) Das „Korps der Beauftragten" entspricht einer Art Landesregierung für die Slowakei. Seine Zuständigkeit ergibt sich aus Art. 95 der Verfassung der CSR. vom 9. 5. 1948. Ihm obliegt grundsätzlich alle Regierungsgewalt in der Slowakei mit Ausnahme der nationalen Verteidigung, der Außenpolitik und des Außenhandels.

3. Der Täter wird mit dem Tode bestraft,

a) wenn er eine im Absatz 1 oder 2 angeführte Tat in einer Zeit erhöhter Gefährdung des Staates begeht,

b) wenn durch eine solche Tat in bedeutendem Maße die Selbständigkeit, die verfassungsmäßige Einheit oder gebietliche Integrität der Republik oder ihre verfassungsmäßig gewährleistete volksdemokratische Staatsform oder Gesellschaftsordnung gefährdet wird,

c) wenn durch eine solche Tat die verfassungsmäßige Tätigkeit des Präsidenten der Republik oder seines Stellvertreters, einer gesetzgebenden Körperschaft, der Regierung oder des Korps der Beauftragten*) tatsächlich unmöglich gemacht wurde,

d) wenn die Wehrmacht oder eine bewaffnete oder militärisch organisierte Formation zu einer solchen Tat mißbraucht wird, oder wenn Kräfte der Wehrmacht, bewaffnete oder Hilfskräfte gesammelt oder organisiert werden, oder Waffen, Munition, Explosivstoffe oder andere gefährliche Stoffe angesammelt werden,

e) wenn bei einer solchen Tat der Wehrmacht oder einer bewaffneten Formation gewaltsamer Widerstand geleistet wird, oder

f) wenn ein anderer besonders erschwerender Umstand vorliegt.

4. Neben den in den Absätzen 1 bis 3 angeführten Strafen kann vom Gericht der Verlust der Staatsbürgerschaft ausgesprochen werden; wenn das Gericht diese Strafe nicht verhängt, erkennt es auf Vermögensverfall.

Vereinigungen gegen die Republik.

§ 79.

Wer sich mit jemandem verbindet in dem Vorsatz, die Selbständigkeit, verfassungsmäßige Einheit oder gebietliche Integrität der Republik oder ihre verfassungsmäßig gewährleistete volksdemokratische Staatsform oder Gesellschaftsordnung zu untergraben, wird mit Freiheitsentziehung von 3 Monaten bis zu 5 Jahren bestraft; bedingte Verurteilung ist ausgeschlossen.

§ 80.

1. Wer eine Organisation gründet mit dem Vorsatz, die Selbständigkeit, verfassungsmäßige Einheit oder gebietliche Integrität der Republik oder ihre verfassungsmäßig gewährleistete volksdemokratische Staatsform oder Gesellschaftsordnung zu untergraben,

wer einer Organisation, die solche Ziele hat, beitritt, oder an ihrer Tätigkeit teilnimmt, oder

wer eine Organisation, die solche Ziele hat, oder deren Mitglieder in ihren auf Untergrabung gerichteten Bemühungen unterstützt,

wird mit Freiheitsentziehung von einem Jahr bis zu 5 Jahren bestraft.

*) Siehe Note Seite 56

2. Mit Freiheitsentziehung von 5 bis zu 10 Jahren wird der Täter bestraft,

a) wenn er die im Absatz 1 angeführte Tat in einer Zeit erhöhter Gefährdung des Vaterlandes begeht, oder

b) wenn ein anderer besonders erschwerender Umstand vorliegt.

3. Bedingte Verurteilung ist ausgeschlossen; in dem in Absatz 2 Buchst. a) angeführten Falle ist auch die Herabsetzung der Strafe ausgeschlossen.

Aufreizung gegen die Republik.

§ 81.

1. Wer öffentlich oder wenigstens zwei Personen gegen die Republik, gegen ihre Selbständigkeit, verfassungsmäßige Einheit oder gebietliche Integrität oder gegen ihre verfassungsmäßig gewährleistete volksdemokratische Staatsform oder Gesellschaftsordnung aufreizt, oder

wer vorsätzlich die Verbreitung einer solchen aufreizenden Äußerung ermöglicht oder erleichtert,

wird mit Freiheitsentziehung von 3 Monaten bis zu 3 Jahren bestraft; bedingte Verurteilung ist ausgeschlossen.

2. Mit Freiheitsentziehung von einem Jahr bis zu 5 Jahren wird der Täter bestraft, wenn er die im Absatz 1 angeführte Tat in einer Zeit erhöhter Gefährdung des Vaterlandes begeht; bedingte Verurteilung und Herabsetzung der Strafe ist ausgeschlossen.

§ 82.

Wer fahrlässig die Verbreitung einer Äußerung ermöglicht oder erleichtert, mit der gegen die Republik, gegen ihre Selbständigkeit, verfassungsmäßige Einheit oder gebietliche Integrität oder gegen ihre verfassungsmäßig gewährleistete volksdemokratische Staatsform oder Gesellschaftsordnung aufgereizt wird, wird mit Freiheitsentziehung bis zu einem Jahr bestraft.

§ 83.

Unterstützung und Propagierung des Faschismus und ähnlicher Bewegungen.

1. Wer den Faschismus, Nazismus oder eine ähnliche Bewegung unterstützt oder propagiert, die auf Unterdrückung der Rechte und Freiheiten des arbeitenden Volkes hinzielt oder hierzu führt, oder nationalen, religiösen oder Rassenhaß verkündet, wird mit Freiheitsentziehung von einem Jahr bis zu 5 Jahren bestraft; bedingte Verurteilung ist ausgeschlossen.

2. Mit Freiheitsentziehung von 5 bis zu 10 Jahren wird der Täter bestraft, wenn er die im Absatz 1 angeführte Tat durch Druck, Film, Rundfunk oder auf eine andere ähnlich wirksame Weise begeht; bedingte Verurteilung ist ausgeschlossen.

3. Mit Freiheitsentziehung von 10 bis 25 Jahren wird der Täter bestraft, wenn er die im Absatz 1 angeführte Tat in einer Zeit erhöhter Gefährdung des Vaterlandes begeht; eine Herabsetzung der Strafe ist ausgeschlossen.

Sabotage.

§ 84.

1. Wer nationales Eigentum oder Eigentum einer Genossenschaft vernichtet, beschädigt oder unbrauchbar macht in dem Vorsatz,

a) den Betrieb oder die Entwicklung eines staatlichen, nationalen, kommunalen oder eines anderen öffentlichen Betriebs oder einer Genossenschaft*), oder

b) den Betrieb einer wichtigen gemeinnützigen Einrichtung

zu hindern oder zu erschweren, wird mit Freiheitsentziehung von 10 bis 25 Jahren bestraft.

2. Ebenso wird bestraft, wer sich mit jemandem zu einer im Absatz 1 angeführten Tat verbindet.

3. Mit lebenslanger Freiheitsentziehung oder dem Tode wird der Täter bestraft,

a) wenn er eine im Absatz 1 angeführte Tat als Mitglied einer Verbindung begeht,

b) wenn durch eine solche Tat die Durchführung oder Erfüllung des einheitlichen Wirtschaftsplans auf einem besonders wichtigen Sektor gehindert oder erschwert wird,

c) wenn durch eine solche Tat in bedeutendem Maße die Belange der Verteidigung des Vaterlandes gefährdet werden,

---

*) Die nationalen Betriebe sind Eigentum des Staates. Sie sind selbständige Träger von Rechten und Pflichten. Der Staat haftet für ihre Verbindlichkeiten. Ihr Reingewinn fließt dem Fonds der nationalen Wirtschaft zu (Ges. Nr. 104/50 über die Finanzierung der nationalen und kommunalen Betriebe).

Die staatlichen Betriebe werden vom Staate unmittelbar betrieben. Staatliche Regie. Es besteht die Tendenz, die staatlichen Betriebe nach und nach in nationale Betriebe überzuführen. Die Überführung ist erfolgt bei der Eisenbahn, Post und den Staatsmonopolen. Nur gewisse Betriebe der Militärverwaltung sind noch staatliche Betriebe.

Kommunale Betriebe sind nach dem Ges. Nr. 199/48 nationale Betriebe in der Verwaltung der Kommunen. Es handelt sich um Betriebe mit örtlichen Aufgaben und von örtlicher Bedeutung, verwaltet von den Nationalausschüssen. Die kommunale Selbstverwaltung ist beseitigt. Seit dem Staatshaushaltsgesetz 1950 gibt es nur noch eine staatliche Wirschaft und einen Staatshaushalt.

Zu den „anderen öffentlichen Betrieben" zählen nur einige Aktiengesellschaften, die gewisse Aufgaben des Außenhandels und internationalen Verkehrs zu erfüllen haben.

Bei den Genossenschaften handelt es sich um „Vereinigungen der Arbeitenden zu einer gemeinsamen Tätigkeit" (Art. 157 Verfassung). Die Genossenschaften haben „volkseigene Betriebe". Sie werden daher im tschechischen Text als „Volks-Genossenschaften" bezeichnet. Dieser Ausdruck wurde in der Übersetzung vermieden.

Nach § 2 des Dekrets des Präsidenten der Republik vom 19. 5. 1945 Nr. 5 Slg., wurde das Eigentum staatlich unzuverlässiger Personen in nationale Verwaltung übergeben. Staatlich unzuverlässig waren nach § 4 des Dekrets alle Personen deutscher und magyarischer Volkszugehörigkeit, ferner Verräter, Kollaborateure und einige Organisationen und Anstalten.

d) wenn durch eine solche Tat das Leben vieler Menschen gefährdet wird, oder

e) wenn ein anderer besonders erschwerender Umstand vorliegt.

4. Neben den in den Absätzen 1 bis 3 angeführten Strafen kann vom Gericht der Verlust der Staatsbürgerschaft ausgesprochen werden; wenn das Gericht diese Strafe nicht verhängt, erkennt es auf Vermögensverfall.

§ 85.

1. Wer eine Berufs-, Beschäftigungs- oder Dienstpflicht nicht erfüllt oder verletzt, oder die Erfüllung einer solchen Pflicht umgeht, oder eine andere Handlung begeht in dem Vorsatz,

a) die Durchführung oder Erfüllung des einheitlichen Wirtschaftsplans auf irgendeinem Sektor zu hindern oder zu erschweren,

b) eine ernste Störung in der Tätigkeit einer Behörde oder eines öffentlichen Organs oder Unternehmens herbeizuführen,

wird mit Freiheitsentziehung von 5 bis zu 10 Jahren bestraft.

2. Mit Freiheitsentziehung von 10 bis zu 25 Jahren wird der Täter bestraft,

a) wenn er eine im Absatz 1 angeführte Tat als Mitglied einer Verbindung begeht,

b) wenn durch eine solche Tat die Durchführung oder Erfüllung des einheitlichen Wirtschaftsplans auf einem besonders wichtigen Sektor gehindert oder erschwert wird,

c) wenn eine ernste Störung in der Tätigkeit einer Behörde oder eines öffentlichen Organs oder Unternehmens tatsächlich herbeigeführt wird, oder

d) wenn ein anderer besonders erschwerender Umstand vorliegt.

3. Mit lebenslanger Freiheitsentziehung oder dem Tode wird der Täter bestraft,

a) wenn durch eine im Absatz 1 angeführte Tat in bedeutendem Maße die Belange der Verteidigung des Vaterlandes gefährdet werden,

b) wenn durch eine solche Tat eine ernste Störung in der Versorgung eines bedeutenden Teils der Bevölkerung hervorgerufen wird,

c) wenn durch eine solche Tat das Leben vieler Menschen gefährdet wird, oder

d) wenn er eine solche Tat in einer Zeit erhöhter Gefährdung des Vaterlandes begeht und einige der im Absatz 2 angeführten Umstände vorliegen.

4. Neben den in den Absätzen 2 und 3 angeführten Strafen kann vom Gericht der Verlust der Staatsbürgerschaft ausgesprochen werden; wenn das Gericht diese Strafe nicht verhängt, erkennt es auf Vermögensverfall.

Zweiter Abschnitt.

Straftaten gegen die Sicherheit der Republik.

Spionage.

§ 86.

1. Wer ein Staatsgeheimnis ausspäht mit dem Vorsatz, es einer ausländischen Macht zu verraten, oder

wer ein Staatsgeheimnis vorsätzlich einer ausländischen Macht verrät,

wird mit 10- bis 20jähriger oder lebenslanger Freiheitsentziehung bestraft.

2. Ebenso wird bestraft, wer

a) zu einer im Absatz 1 angeführten Tat sich mit jemandem verbindet,

b) wegen einer solchen Tat mit einer ausländischen Macht oder ausländischen Person Verbindung aufnimmt, oder

c) mit einer Organisation, deren Zweck es ist, Staatsgeheimnisse auszuspähen, Verbindung aufnimmt mit dem Vorsatz, ihre Bestrebungen zu unterstützen.

3. Mit dem Tode wird der Täter bestraft,

a) wenn er eine im Absatz 1 oder 2 angeführte Tat in einer Zeit erhöhter Gefährdung des Vaterlandes begeht,

b) wenn er eine solche Tat begeht, obwohl die Pflicht, Staatsgeheimnisse zu bewahren, ihm ausdrücklich auferlegt wurde oder sich schon aus seiner Stellung ergibt,

c) wenn er eine solche Tat als Mitglied einer Organisation begeht, deren Zweck es ist, Staatsgeheimnisse auszuspähen,

d) wenn eine solche Tat ein besonders wichtiges Staatsgeheimnis betrifft,

e) wenn er eine solche Tat auf eine besonders gefährliche Art, in bedeutendem Umfang oder erwerbsmäßig oder durch längere Zeit hindurch begeht, oder

f) wenn ein anderer besonders erschwerender Umstand vorliegt.

4. Neben den in den Absätzen 1 bis 3 angeführten Strafen kann das Gericht den Verlust der Staatsbürgerschaft aussprechen; wenn es diese Strafe nicht verhängt, erkennt es auf Vermögensverfall.

§ 87.

Wer die Republik dadurch schädigt, daß er gegen einen Verbündeten Spionage betreibt, wird mit den im § 86 bestimmten Strafen bestraft.

Gefährdung eines Staatsgeheimnisses.

§ 88.

1. Wer ein Staatsgeheimnis mit dem Vorsatz, es einer unberufenen Person zu verraten, ausspäht, oder

wer ein Staatsgeheimnis vorsätzlich einer solchen Person verrät, wird mit Freiheitsentziehung von einem Jahr bis zu 5 Jahren bestraft.

2. Mit Freiheitsentziehung von 5 bis 10 Jahren wird der Täter bestraft,

a) wenn er eine im Absatz 1 angeführte Tat in einer Zeit erhöhter Gefährdung des Vaterlandes begeht,

b) wenn er eine solche Tat begeht, obwohl die Pflicht, Staatsgeheimnisse zu bewahren, ihm ausdrücklich auferlegt wurde oder sich schon aus seiner Stellung ergibt,

c) wenn eine solche Tat ein besonders wichtiges Staatsgeheimnis betrifft, oder

d) wenn ein anderer besonders erschwerender Umstand vorliegt.

3. Bedingte Verurteilung ist ausgeschlossen und in dem im Absatz 2 Buchst. a) angeführten Falle ist auch die Herabsetzung der Strafe ausgeschlossen.

§ 89.

Wer fahrlässig bewirkt, daß ein Staatsgeheimnis einer ausländischen Macht bekannt werden kann oder daß es einer unberufenen Person bekannt wurde, wird mit Freiheitsentziehung von 3 Monaten bis zu 3 Jahren bestraft.

§ 90.

1. Wer es vorsätzlich unterläßt, unverzüglich anzuzeigen, daß er selbst, oder ein anderer eine Urkunde oder einen anderen Gegenstand eines Staatsgeheimnisses verloren oder sonstwie eingebüßt hat, wird mit Freiheitsentziehung von 3 Monaten bis zu 3 Jahren bestraft.

2. Die Anzeige nach Absatz 1 muß dem Prokurator oder einem Organ der nationalen Sicherheit gegenüber gemacht werden; eine der Militärgerichtsbarkeit unterstehende Person kann die Anzeige stattdessen auch einem Vorgesetzten erstatten.

§ 91.

1. Wer ein Staatsgeheimnis ausspäht, wird mit Freiheitsentziehung von 3 Monaten bis zu 3 Jahren bestraft.

2. Ebenso wird bestraft, wer durch Täuschung oder mit List in den Bereich eines für die Staatsverteidigung wichtigen Objekts oder in einen anderen solchen Ort eindringt.

§ 92.

Wer ohne Erlaubnis

a) eine Beschreibung, einen Plan, eine Skizze oder Aufnahme einer Einrichtung zur Verteidigung des Vaterlandes anfertigt,

b) eine solche Sache abschreibt, abzeichnet oder photographiert, oder abschreiben, abzeichnen oder photographieren läßt, oder zuläßt, daß ein anderer dies tue,

c) eine solche Sache sich selbst oder einem anderen beschafft, oder

d) eine solche Sache veröffentlicht,

wird mit Freiheitsentziehung bis zu einem Jahr bestraft.

Treubruch.

§ 93.

1. Wer vorsätzlich ein wichtiges Interesse der Republik dadurch gefährdet, daß er

a) Pflichten, die er als Bevollmächtigter der Republik hat, verletzt, oder

b) eine Urkunde oder einen anderen Beleg über die Rechtsverhältnisse der Republik zu einer ausländischen Macht fälscht, abändert oder unterdrückt,

wird mit Freiheitsentziehung von 5 bis 10 Jahren bestraft; bedingte Verurteilung ist ausgeschlossen.

2. Mit Freiheitsentziehung von 10 bis 25 Jahren wird der Täter bestraft,

a) wenn er eine im Absatz 1 angeführte Tat in einer Zeit erhöhter Gefährdung des Vaterlandes begeht,

b) wenn eine solche Tat einen bedeutenden Schaden zur Folge hat, oder

c) wenn ein anderer erschwerender Umstand vorliegt.

3. Neben den in den Absätzen 1 und 2 angeführten Strafen kann das Gericht den Verlust der Staatsbürgerschaft aussprechen; wenn es diese Strafe nicht verhängt, erkennt es auf Vermögensverfall. In dem im Absatz 2 Buchst. a) angeführten Falle ist eine Herabsetzung der Strafe ausgeschlossen.

§ 94.

Wer fahrlässig ein wichtiges Interesse der Republik dadurch gefährdet, daß er

a) Pflichten, die er als Bevollmächtigter der Republik hat, oder

b) eine Urkunde oder einen anderen Beleg über die Rechtsverhältnisse der Republik zu einer ausländischen Macht fälscht, abändert oder unterdrückt,

wird mit Freiheitsentziehung von 3 Monaten bis zu 3 Jahren bestraft.

§ 95.

Verlassen der Republik.

1. Wer ohne Erlaubnis das Gebiet der Tschechoslowakischen Republik verläßt, wird mit Freiheitsentziehung von einem Jahr bis zu 5 Jahren bestraft.

2. Ebenso wird ein tschechoslowakischer Bürger bestraft, der einer behördlicher Aufforderung, innerhalb einer bestimmten Frist in das Gebiet der Tschechoslowakischen Republik zurückzukehren, nicht Folge leistet.

3. Neben der in den Absätzen 1 und 2 angeführten Strafe kann das Gericht den Verlust der Staatsbürgerschaft aussprechen. Bedingte Verurteilung ist ausgeschlossen.

Gefährdung der Interessen der Republik im Ausland.

§ 96.

Ein tschechoslowakischer Bürger, der vorsätzlich die Interessen der Republik dadurch gefährdet, daß er im Ausland eine unwahre Nachricht über die Verhältnisse in der Republik verbreitet, wird mit Freiheitsentziehung von einem Jahr bis zu 5 Jahren bestraft; bedingte Verurteilung, und wenn die Tat in einer Zeit erhöhter Gefährdung des Vaterlandes begangen wird, auch die Herabsetzung der Strafe, ist ausgeschlossen.

§ 97.

Ein tschechoslowakischer Bürger, der fahrlässig die Interessen der Republik dadurch gefährdet, daß er im Ausland eine unwahre Nachricht über die Verhältnisse in der Republik verbreitet, wird mit Freiheitsentziehung von 3 Monaten bis zu 3 Jahren bestraft.

§ 98.

Hetze zum Angriffskrieg.

Wer öffentlich zum Angriffskrieg hetzt, wird mit Freiheitsentziehung von einem Jahr bis zu 5 Jahren bestraft; bedingte Verurteilung und wenn die Tat in einer Zeit erhöhter Gefährdung des Vaterlandes begangen wird, auch die Herabsetzung der Strafe ist ausgeschlossen.

Dritter Abschnitt.

Straftaten gegen die Verteidigung des Vaterlandes.

Schädigung im Kriege.

§ 99.

1. Wer in einer Zeit erhöhter Gefährdung des Vaterlandes vorsätzlich

a) die Verteidigung des Vaterlandes oder eines Verbündeten schädigt, oder

b) dem Feinde einen Vorteil verschafft oder ihn sonstwie unterstützt,

wird mit 10- bis 25jähriger oder lebenslanger Freiheitsentziehung bestraft.

2. Ebenso wird bestraft, wer

a) zu einer im Absatz 1 angeführten Tat sich mit jemandem verbindet, oder

b) wegen einer solchen Tat mit dem Feinde Verbindung aufnimmt.

3. Mit dem Tode wird ein Täter bestraft,

a) wenn er eine im Absatz 1 oder 2 angeführte Tat als Militärperson (§ 269 Abs. 2) begeht,

b) wenn er eine solche Tat erwerbsmäßig begeht, oder

c) wenn ein anderer besonders erschwerender Umstand vorliegt.

4. Neben den in den Absätzen 1 bis 3 angeführten Strafen kann das Gericht den Verlust der Staatsbürgerschaft aussprechen; wenn es diese Strafe nicht verhängt, erkennt es auf Vermögensverfall.

§ 100.

Wer in einer Zeit erhöhter Gefährdung des Vaterlandes fahrlässig

a) die Verteidigung des Vaterlandes oder eines Verbündeten schädigt, oder

b) dem Feinde einen Vorteil verschafft oder ihn sonstwie unterstützt,

wird mit Freiheitsentziehung von 3 Monaten bis zu 3 Jahren bestraft.

§ 101.

Kriegsverrat.

1. Ein tschechoslowakischer Bürger, der in einer Zeit erhöhter Gefährdung des Vaterlandes in einer feindlichen Armee oder bewaffneten Formation Dienste leistet, wird mit Freiheitsentziehung von 10 bis 25 Jahren bestraft.

2. Mit lebenslanger Freiheitsentziehung oder mit dem Tode wird der Täter bestraft,

a) wenn die im Absatz 1 angeführte Tat einen bedeutenden Schaden zur Folge hat, oder

b) wenn ein anderer besonders erschwerender Umstand vorliegt.

3. Mit dem Tode wird ein Täter bestraft, wenn er die im Absatz 1 angeführte Tat als Militärperson (§ 269 Abs. 2) begeht.

4. Neben den in den Absätzen 1 bis 3 angeführten Strafen kann das Gericht den Verlust der Staatsbürgerschaft aussprechen; wenn es diese Strafe nicht verhängt, erkennt es auf Vermögensverfall.

§ 102.

Dienst in einer ausländischen Armee.

1. Ein tschechoslowakischer Bürger, der unerlaubt in der Armee einer ausländischen Macht oder in einer ausländischen bewaffneten Formation Dienste leistet, wird mit Freiheitsentziehung von einem Jahr bis zu 5 Jahren bestraft.

2. Mit Freiheitsentziehung von 5 bis 15 Jahren wird der Täter bestraft,

a) wenn er die im Absatz 1 angeführte Tat mit dem Vorsatz, feindselig gegen die Republik zu handeln, begeht, oder

b) wenn ein anderer besonders erschwerender Umstand vorliegt.

§ 103.

Anwerbung von Militär.

1. Wer einen Bewohner der Republik, der nicht ausländischer Staatsangehöriger ist, für den Dienst in der Armee einer ausländischen Macht oder in einer ausländischen bewaffneten Formation anwirbt, oder

wer eine solche Anwerbung vermittelt,

wird mit Freiheitsentziehung von einem Jahr bis zu 5 Jahren bestraft.

2. Mit Freiheitsentziehung von 5 bis 15 Jahren wird der Täter bestraft,

a) wenn durch eine im Absatz 1 angeführte Tat die Wehrkraft der Republik gefährdet wird, oder

b) wenn ein anderer besonders erschwerender Umstand vorliegt.

3. Bedingte Verurteilung ist ausgeschlossen.

Vierter Abschnitt.

Straftaten gegen verfassungsmäßige Funktionäre*).

§ 104.

Mord an einem verfassungsmäßigen Funktionär.

Wer vorsätzlich

a) den Präsidenten der Republik oder seinen Stellvertreter, oder

b) ein Mitglied der Regierung, des Korps der Beauftragten**) oder einer gesetzgebenden Körperschaft bei der Ausübung seiner Befugnisse oder wegen dieser Ausübung oder überhaupt wegen seiner Tätigkeit im politischen Leben tötet,

wird mit dem Tode bestraft. Außerdem kann das Gericht den Verlust der Staatsbürgerschaft aussprechen; wennn es diese Strafe nicht verhängt, erkennt es auf Vermögensverfall.

Beschädigung eines verfassungsmäßigen Funktionärs an seiner Gesundheit.

§ 105.

1. Wer vorsätzlich

a) den Präsidenten der Republik oder seinen Stellvertreter, oder

b) ein Mitglied der Regierung, des Korps der Beauftragten**) oder einer gesetzgebenden Körperschaft bei der Ausübung seiner Befugnisse oder wegen dieser Ausübung oder überhaupt wegen seiner Tätigkeit im politischen Leben

an der Gesundheit beschädigt, wird mit Freiheitsentziehung von 5 bis 10 Jahren bestraft; bedingte Verurteilung ist ausgeschlossen.

---

*) Uber den Begriff „Funktionäre" s. Einleitung S. 18.
**) Siehe Anmerkung zu § 78.

2. Mit 10- bis 25jähriger oder lebenslanger Freiheitsentziehung wird der Täter bestraft,

a) wenn er eine im Absatz 1 angeführte Tat mit dem Vorsatz, einen schweren Schaden an der Gesundheit herbeizuführen, begeht, oder

b) wenn eine solche Tat einen schweren Schaden an der Gesundheit zur Folge hat.

3. Mit dem Tode wird der Täter bestraft, wenn eine im Absatz 1 angeführte Tat den Tod zur Folge hat.

4. Neben den in den Absätzen 1 bis 3 angeführten Strafen kann das Gericht den Verlust der Staatsbürgerschaft aussprechen; wenn es diese Strafe nicht verhängt, kann es auf Vermögensverfall erkennen. Wenn die Tat in einer Zeit erhöhter Gefährdung des Vaterlandes begangen wird, ist Herabsetzung der Strafe ausgeschlossen.

§ 106.

1. Wer vorsätzlich ein Mitglied einer gesetzgebenden Körperschaft bei der Ausübung seiner Befugnisse oder wegen dieser Ausübung oder überhaupt wegen seiner Tätigkeit im politischen Leben an der Gesundheit beschädigt, wird mit Freiheitsentziehung von einem Jahr bis zu 5 Jahren bestraft.

2. Mit Freiheitsentziehung von 5 bis 15 Jahren wird der Täter bestraft, wenn er die im Absatz angeführte Tat mit dem Vorsatz begeht, einen schweren Schaden an der Gesundheit herbeizuführen.

3. Mit Freiheitsentziehung von 10 bis 15 Jahren wird der Täter bestraft, wenn die im Absatz 1 angeführte Tat einen schweren Schaden an der Gesundheit oder den Tod zur Folge hat.

4. Bedingte Verurteilung und wenn die Tat in einer Zeit erhöhter Gefährdung des Vaterlandes begangen wird, auch Herabsetzung der Strafe ist ausgeschlossen.

§ 107.

Verbindung zu einem Angriff gegen einen verfassungsmäßigen Funktionär.

1. Wer sich mit jemandem verbindet, um einen Mord an einem verfassungsmäßigen Funktionär (§ 104) zu begehen oder einen verfassungsmäßigen Funktionär an der Gesundheit zu beschädigen (§ 105), oder

wer eine solche Verbindung oder ihre Teilnehmer in ihren Bestrebungen unterstützt,

wird mit Freiheitsentziehung von 5 bis 10 Jahren bestraft.

2. Wer sich mit jemandem verbindet, um einen verfassungsmäßigen Funktionär an der Gesundheit nach § 106 zu beschädigen, oder

wer eine solche Verbindung oder ihre Teilnehmer in ihren Bestrebungen unterstützt,

wird mit Freiheitsentziehung von einem Jahr bis zu 5 Jahren bestraft.

3. Bedingte Verurteilung und, wenn die Tat in einer Zeit erhöhter Gefährdung des Vaterlandes begangen wird, auch Herabsetzung der Strafe ist ausgeschlossen.

§ 108.

Gewalttätigkeit gegen einen verfassungsmäßigen Funktionär.

1. Wer

a) mit dem Vorsatz, auf die Ausübung der Befugnisse des Präsidenten der Republik oder seines Stellvertreters, eines Mitglieds der Regierung, des Korps der Beauftragten oder einer gesetzgebenden Körperschaft einzuwirken, oder

b) gegen eine dieser Personen wegen der Ausübung ihrer Befugnisse oder überhaupt wegen ihrer Tätigkeit im politischen Leben

Gewalt anwendet oder mit Gewalttätigkeit droht, wird mit Freiheitsentziehung von einem Jahr bis zu fünf Jahren bestraft.

2. Ebenso wird bestraft, wer an einer Zusammenrottung von mindestens drei Personen zu einer im Absatz 1 aufgeführten Tat teilnimmt.

3. Mit Freiheitsentziehung von 5 bis 10 Jahren wird der Täter bestraft,

a) wenn er eine im Absatz 1 oder 2 angeführte Tat mit einer Waffe begeht, oder

b) wenn ein anderer besonders erschwerender Umstand vorliegt.

4. Bedingte Verurteilung und, wenn die Tat in einer Zeit erhöhter Gefährdung des Vaterlandes begangen wird, auch Herabsetzung der Strafe ist ausgeschlossen.

§ 109.

Anmaßung der Befugnisse eines verfassungsmäßigen Funktionärs.

1. Wer sich Befugnisse des Präsidenten der Republik oder seines Stellvertreters oder eines Mitglieds der Regierung, des Korps der Beauftragten*), oder einer gesetzgebenden Körperschaft anmaßt, wird mit Freiheitsentziehung von einem Jahr bis zu fünf Jahren bestraft.

*) s. § 78 Anmerkung.

2. Mit Freiheitsentziehung von 5 bis 10 Jahren wird der Täter bestraft,

a) wenn er eine im Absatz 1 angeführte Tat als Mitglied einer Verbindung begeht,

b) wenn eine solche Tat einen bedeutenden Schaden zur Folge hat, oder

c) wenn ein besonders erschwerender Umstand vorliegt.

3. Bedingte Verurteilung und, wenn die Tat in einer Zeit erhöhter Gefährdung des Vaterlandes begangen wird, auch Herabsetzung der Strafe ist ausgeschlossen.

§ 110.

Herabwürdigung des Präsidenten der Republik.

1. Wer den Präsidenten der Republik oder seinen Stellvertreter herabwürdigt, wird mit Freiheitsentziehung von einem Monat bis zu einem Jahre bestraft.

2. Mit Freiheitsentziehung von 3 Monaten bis zu 3 Jahren wird der Täter bestraft, wenn er die im Absatz 1 angeführte Tat

a) öffentlich,

b) wiederholt bei verschiedenen Anlässen,

c) in Gegenwart des Präsidenten der Republik oder seines Stellvertreters, oder

d) wegen der Ausübung der Befugnisse des Präsidenten der Republik oder seines Stellvertreters oder überhaupt wegen dessen Tätigkeit im politischen Leben begeht.

§ 111.

Schmähung eines verfassungsmäßigen Funktionärs.

Wer öffentlich

a) eine gesetzgebende Körperschaft, deren Vorstand, Ausschuß oder Kommission, die Regierung oder das Korps der Beauftragen*), oder

b) ein Mitglied der Regierung, des Korps der Beauftragten*), oder des Vorstands einer gesetzgebenden Körperschaft wegen der Ausübung seiner Befugnisse oder überhaupt wegen seiner Tätigkeit im politischen Leben

schmäht, wird mit Freiheitsentziehung von 3 Monaten bis zu 2 Jahren bestraft.

---

*) s. § 78 Anmerkung.

Fünfter Abschnitt.

Straftaten, die die Ordnung in öffentlichen Angelegenheiten besonders gefährden.

Gefährdung eines Wirtschafts- und Dienstgeheimnisses.

§ 112.

1. Wer ein Wirtschafts- oder Dienstgeheimnis mit dem Vorsatz, es ins Ausland zu verraten, ausspäht, oder

wer ein Wirtschafts- oder Dienstgeheimnis vorsätzlich ins Ausland verrät,

wird mit Freiheitsentziehung von 3 Monaten bis zu 3 Jahren bestraft.

2. Mit Freiheitsentziehung von einem Jahr bis zu fünf Jahren wird der Täter bestraft,

a) wenn er eine im Absatz 1 angeführte Tat als öffentlicher Funktionär begeht,
b) wenn eine solche Tat einen bedeutenden Schaden zur Folge hat, oder
c) wenn ein anderer besonders erschwerender Umstand vorliegt.

§ 113.

Wer fahrlässig bewirkt, daß ein Wirtschafts- oder Dienstgeheimnis im Ausland bekannt wird, wird mit Freiheitsentziehung bis zu einem Jahr bestraft.

§ 114.

1. Wer ein Wirtschafts- oder Dienstgeheimnis ausspäht mit dem Vorsatz, es einer unberufenen Person zu verraten, oder

wer ein Wirtschafts- oder Dienstgeheimnis vorsätzlich einer solchen Person verrät,

wird mit Freiheitsentziehung bis zu einem Jahr bestraft.

2. Mit Freiheitsentziehung von 3 Monaten bis zu 3 Jahren wird der Täter bestraft,

a) wenn er eine im Absatz 1 angeführte Tat als öffentlicher Funktionär begeht,
b) wenn eine solche Tat einen bedeutenden Schaden zur Folge hat, oder
c) wenn ein anderer besonders erschwerender Umstand vorliegt.

§ 115.

Die Strafsätze, die für die Gefährdung eines Wirtschafts- und Dienstgeheimnisses nach den §§ 112 bis 114 festgesetzt sind, werden auf das Doppelte erhöht, wenn eine Militärperson (§ 269 Abs. 2) eine dieser Straftaten in einer Zeit erhöhter Gefährdung des Vaterlandes in Ausübung ihrer Befehlsgewalt begeht.

Angriffe gegen gewisse Bevölkerungsgruppen.

§ 116.

1. Wer gegen eine Gruppe von Einwohnern der Republik wegen ihrer Nationalität, Rasse oder Religion oder weil sie ohne Bekenntnis oder weil sie Anhänger der volksdemokratischen Ordnung sind, Gewalt anwendet oder mit Gewalttätigkeit droht, wird mit Freiheitsentziehung von einem Jahr bis zu fünf Jahren bestraft.

2. Ebenso wird bestraft, wer an einer Zusammenrottung von mindestens drei Personen zu einer im Absatz 1 angeführten Tat teilnimmt.

3. Mit Freiheitsentziehung von 5 bis 10 Jahren wird der Täter bestraft,

a) wenn er eine im Absatz 1 angeführte Tat mit der Waffe begeht, oder

b) wenn ein anderer besonders erschwerender Umstand vorliegt.

4. Bedingte Verurteilung ist ausgeschlossen.

§ 117.

Wer gegen einen anderen wegen dessen Nationalität, Rasse oder Religion oder weil er ohne Bekenntnis oder weil er Anhänger der volksdemokratischen Ordnung ist, Gewalt anwendet oder mit Gewalttätigkeit droht, oder ihm deswegen einen Nachteil an seinem Eigentum zufügt, wird mit Freiheitsentziehung von 3 Monaten bis zu 2 Jahren bestraft.

§ 118.

1. Wer öffentlich oder mindestens zwei Personen zu einer gewalttätigen oder anderen feindseligen Handlung gegen eine Gruppe von Einwohnern der Republik wegen ihrer Nationalität, Rasse oder Religion oder weil sie ohne Bekenntnis oder weil sie Anhänger der volksdemokratischen Ordnung sind, aufreizt, wird mit Freiheitsentziehung von 3 Monaten bis zu 3 Jahren bestraft.

2. Wer auf eine im Absatz 1 angeführte Weise oder aus einem dort angeführten Grunde zum Haß gegen eine Gruppe von Einwohnern der Republik aufreizt, wird mit Freiheitsentziehung von 3 Monaten bis zu 2 Jahren bestraft.

3. Wer auf eine im Absatz 1 angeführte Weise oder aus einem dort aufgeführten Grunde zu einer gewalttätigen oder anderen feindseligen Handlung oder zum Haß gegen einen Einzelnen aufreizt, wird mit Freiheitsentziehung bis zu einem Jahr bestraft.

§ 119.

Wer öffentlich eine Gruppe von Einwohnern der Republik wegen ihrer Nationalität, Rasse oder Religion oder weil sie ohne Bekenntnis oder weil sie Anhänger der volksdemokratischen Ordnung sind, schmäht, wird mit Freiheitsentziehung bis zu einem Jahr bestraft.

Unerlaubte Bewaffnung.

§ 120.

1. Wer ohne Erlaubnis sich oder einen anderen bewaffnet, indem er

a) eine gegen Massen wirksame Waffe, oder Bestandteile, die zum Gebrauch einer solchen Waffe unbedingt notwendig sind, sich oder einem anderen verschafft, oder aufbewahrt, oder
b) andere Waffen, Munition oder Explosivstoffe ansammelt oder verteilt,

wird mit Freiheitsentziehung von einem Jahr bis zu fünf Jahren bestraft.

2. Mit Freiheitsentziehung von 5 bis 10 Jahren wird der Täter bestraft,

a) wenn er eine im Absatz 1 angeführte Tat in einer Zeit erhöhter Gefährdung des Vaterlandes begeht, oder
b) wenn ein anderer besonders erschwerender Umstand vorliegt.

3. Bedingte Verurteilung und, wenn die Tat in einer Zeit erhöhter Gefährdung des Vaterlandes begangen wird, auch Herabsetzung der Strafe ist ausgeschlossen.

§ 121.

1. Wer ohne Erlaubnis

a) eine bewaffnete oder militärisch organisierte Gruppe bildet,
b) eine solche Gruppe im Umgang mit Waffen schult oder mit ihr irgendeine militärische Ausbildung durchführt,
c) einer solchen Gruppe beitritt oder an ihrer Tätigkeit teilnimmt, oder
d) eine solche Gruppe oder ihre Mitglieder in ihren Bestrebungen unterstützt,

wird mit Freiheitsentziehung von einem Jahr bis zu fünf Jahren bestraft.

2. Mit Freiheitsentziehung von 5 bis 10 Jahren wird der Täter bestraft,

a) wenn er eine im Absatz 1 angeführte Tat in einer Zeit erhöhter Gefährdung des Vaterlandes begeht, oder
b) wenn ein anderer besonders erschwerender Umstand vorliegt.

3. Bedingte Verurteilung und, wenn die Tat in einer Zeit erhöhter Gefährdung des Vaterlandes begangen wird, auch Herabsetzung der Strafe ist ausgeschlossen.

§ 122.

Unerlaubte Herstellung und Haltung einer Sendestation.

1. Wer ohne Erlaubnis

a) eine radioelektrische Sendestation oder einen Satz wesentlicher zur Aufstellung einer solchen Station bestimmter Bestandteile herstellt, sich oder einem anderen beschafft, oder aufbewahrt, oder

b) eine solche Station benutzt,

wird mit Freiheitsentziehung bis zu zwei Jahren bestraft.

2. Mit Freiheitsentziehung von einem Jahr bis zu fünf Jahren wird der Täter bestraft,

a) wenn er eine im Absatz 1 angeführte Tat in einer Zeit erhöhter Gefährdung des Vaterlandes begeht, oder

b) wenn ein besonders erschwerender Umstand vorliegt.

§ 123.

Mißbrauch einer religiösen Funktion.

1. Wer die Ausübung einer seelsorgerischen Tätigkeit oder einer ähnlichen religiösen Funktion mißbraucht mit dem Vorsatz, auf Angelegenheiten des politischen Lebens einen für die volksdemokratische Ordnung ungünstigen Einfluß auszuüben, wird mit Freiheitsentziehung von 3 Monaten bis zu 3 Jahren bestraft.

2. Mit Freiheitsentziehung von einem Jahr bis zu fünf Jahren wird der Täter bestraft,

a) wenn er eine im Absatz 1 angeführte Tat begeht, indem er es ablehnt, eine religiöse Handlung vorzunehmen, zu der er als Seelsorger oder als Person, die eine ähnliche religiöse Funktion hat, berufen ist, oder

b) wenn ein anderer besonders erschwerender Umstand vorliegt.

§ 124.

Schmähung der Republik.

1. Wer die Republik schmäht,

den Namen oder ein Symbol der Republik, insbesondere ihr Wappen, ihre Flagge, Farben oder Hymne schmäht, oder

wer mit dem Vorsatz, der Republik Feindschaft oder Verachtung zu bezeugen, ein Symbol der Republik, insbesondere ihr Wappen, ihre Flagge oder ihre Farben, oder eine Abbildung des Präsidenten der Republik oder seines Stellvertreters vernichtet, beschädigt oder beseitigt,

wird mit Freiheitsentziehung bis zu einem Jahr bestraft.

2. Mit Freiheitsentziehung von 3 Monaten bis zu 2 Jahren wird der Täter bestraft,

a) wenn er eine im Absatz 1 angeführte Tat öffentlich begeht, oder

b) wenn ein anderer besonders erschwerender Umstand vorliegt.

§ 125.

Schmähung eines verbündeten Staates.

Wer öffentlich

a) einen verbündeten Staat, dessen Oberhaupt, einen anderen Repräsentanten oder einen von der Regierung der Republik anerkannten Vertreter dieses Staates schmäht,

b) den Namen oder ein Symbol des verbündeten Staates, insbesondere dessen Wappen, Flagge, Farben oder Hymne schmäht, oder

c) mit dem Vorsatz, dem verbündeten Staat Feindschaft oder Verachtung zu bezeugen, ein Symbol des verbündeten Staates, insbesondere dessen Wappen, Flagge oder Farben, oder eine Abbildung des Oberhaupts oder eines anderen Repräsentanten des verbündeten Staates vernichtet, beschädigt oder beseitigt,

wird mit Freiheitsentziehung von 3 Monaten bis zu 2 Jahren bestraft.

§ 126.

Schmähung von Nation und Rasse.

Wer öffentlich eine Nation oder ihre Sprache oder eine Rasse in einer Weise schmäht, die öffentliches Ärgernis erregen kann, wird mit Freiheitsentziehung bis zu einem Jahre bestraft.

Verbreitung einer alarmierenden Nachricht.

§ 127.

1. Wer auch nur fahrlässig die Gefahr ernster Beunruhigung mindestens eines Teils der Bevölkerung eines Ortes herbeiführt, indem er eine alarmierende Nachricht verbreitet, wird mit Freiheitsentziehung bis zu sechs Monaten bestraft.

2. Mit Freiheitsentziehung bis zu einem Jahr wird der Täter bestraft, wenn er die im Absatz 1 aufgeführte Tat begeht, obwohl er weiß, daß die Nachricht unwahr ist.

§ 128.

1. Wer dadurch, daß er auch nur fahrlässig eine alarmierende Nachricht verbreitet, die

a) die Sicherheit der Republik, die Wehrkraft ihrer Bevölkerung, die tschechoslowakische Währung, die Sicherheit von Menschen oder Eigentum, oder ein anderes allgemeines Interesse gefährdet, oder

b) die Gefahr einer Verteuerung von Bedarfsgegenständen, die Gefahr von überstürzten und massenweisen Käufen oder Verkäufen, oder von überstürzten und massenweisen Behebungen von Einlagen herbeiführt,

wird mit Freiheitsentziehung bis zu einem Jahr bestraft.

2. Mit Freiheitsentziehung von 3 Monaten bis zu 3 Jahren wird der Täter bestraft,

a) wenn er eine im Absatz 1 angeführte Tat begeht, obwohl er weiß, daß die Nachricht unwahr ist, oder

b) wenn er eine solche Tat in einer Zeit erhöhter Gefährdung des Vaterlandes begeht.

3. Mit Freiheitsentziehung von einem Jahr bis zu fünf Jahren wird der Täter bestraft, wenn er eine im Absatz 1 angeführte Tat

durch Druck, Film, Rundfunk oder auf eine andere ähnlich wirksame Art in einer Zeit erhöhter Gefährdung des Vaterlands begeht; eine Herabsetzung der Strafe ist ausgeschlossen.

§ 129.

Feindseliges Handeln gegen die Republik.

Wer vorsätzlich ein allgemeines Interesse durch eine Handlung gefährdet, die feindselig gegenüber der verfassungsmäßig gewährleisteten volksdemokratischen Staatsform oder Gesellschaftsordnung der Republik ist, wird mit Freiheitsentziehung von 6 Monaten bis zu 2 Jahren bestraft.

ZWEITES HAUPTSTÜCK.

WIRTSCHAFTSSTRAFTATEN.

Erster Abschnitt.

Straftaten gegen das Wirtschaftssystem.

§ 130.

Umtriebe gegen die Verstaatlichung[1]).

Wer sich in Umtriebe einläßt mit dem Vorsatz, die Verstaatlichung eines der Verstaatlichung unterliegenden Unternehmens, Wirtschaftsobjekts oder anderen Vermögenswertes zu vereiteln oder erheblich zu erschweren, wird mit Freiheitsentziehung von einem Jahr bis zu fünf Jahren und Verfall seines Vermögens bestraft; bedingte Verurteilung ist ausgeschlossen.

§ 131.

Bildung von Privatmonopolen.

Wer auf dem Gebiet der Tschechoslowakischen Republik eine private Monopol - Erwerbsorganisation, insbesondere ein Kartell, Syndikat oder einen Trust errichtet, oder ihr beitritt oder sie verheimlicht oder unterstützt, wird mit Freiheitsentziehung von einem Jahr bis zu fünf Jahren und Verfall des Vermögens bestraft; bedingte Verurteilung ist ausgeschlossen.

§ 132.

Mißbrauch einer Genossenschaft[2]).

Wer eine Genossenschaft dazu mißbraucht, um ein Unternehmen, das mit dem Zweck von Genossenschaften in Widerspruch

---

[1]) Vgl. § 34 Verw.StG.:

Übertretung gegen die Verstaatlichung.

Wer die Verstaatlichung eines der Verstaatlichung unterliegenden Unternehmens Wirtschaftsobjektes oder anderen Vermögenswertes erschwert, gefährdet oder stört wird mit Geldbuße bis 250 000 Kcs oder mit Freiheitsentziehung bis zu 6 Monaten bestraft.

[2]) Vgl. Anmerkung zu § 84.

steht, zu tarnen, wird mit Freiheitsentziehung von einem Jahr bis zu fünf Jahren und Geldstrafe bestraft; bedingte Verurteilung ist ausgeschlossen.

§ 133.

Mißbrauch des Eigentumsrechts[3]).

Wer vorsätzlich ein allgemeines Interesse dadurch gefährdet, daß er eine eigene Sache von höherem Wert oder größerer wirtschaftlicher Bedeutung vernichtet, beschädigt, unbrauchbar macht oder verhandelt, wird mit Freiheitsentziehung von 3 Monaten bis zu 3 Jahren und Geldstrafe bestraft.

Zweiter Abschnitt.

Straftaten gegen den einheitlichen Wirtschaftsplan.

§ 134.

Gefährdung der Versorgung[4]).

1. Wer eine unlautere Handlung begeht, die die laufende Versorgung mindestens eines Teils der Bevölkerung eines Ortes mit Bedarfsgegenständen gefährden könnte, wird mit Freiheitsentziehung von 3 Monaten bis zu 3 Jahren und mit einer Geldstrafe bestraft; Bedingte Verurteilung ist ausgeschlossen.

2. Mit Freiheitsentziehung von 3 bis 10 Jahren und Vermögensverfall wird der Täter bestraft,
a) wenn er die im Absatz 1 bedrohte Tat wiederholt begeht,
b) eine solche Tat als Mitglied einer Verbindung begeht, oder
c) wenn ein anderer besonders erschwerender Umstand vorliegt.
Bedingte Verurteilung ist ausgeschlossen.

---

[3]) Vgl. § 38 Verw.StG.:

Schutz des Eigentumsrechts.

Wer sein Eigentum, insbesondere Produktionsmittel, vernichtet, beschädigt, unbrauchbar macht, zurückhält, verheimlicht oder verhandelt mit dem Vorsatz,
a) sich der Pflicht zu entziehen, mit dem Eigentum in bestimmter Weise zu verfahren,
b) eine Pflicht, zu deren Erfüllung ein solches Eigentum benötigt wird, zu vereiteln oder zu erschweren, oder
c) ein solches Eigentum der im Interesse der Gesamtheit liegenden wirtschaftlichen Ausnutzung zu entziehen,
wird mit Geldbuße bis 100 000 Kcs oder Freiheitsentziehung bis zu 3 Monaten bestraft.

[4]) Vgl. § 87 Verw.StG.:

Schwarzhandel.

Mit Geldbuße bis 500 000 Kcs und Freiheitsentziehung bis zu 6 Monaten wird bestraft,
a) wer für Waren, Vermietung oder Dienste einen übermäßigen Preis oder eine übermäßige Bezahlung fordert oder sich oder einem andern versprechen oder gewähren läßt,
b) wer zum Zwecke der Weiterveräußerung Waren zu übermäßigen Preisen erwirbt oder solche Preise dafür anbietet,
c) wer durch Forderung eines erhöhten Preises oder einer erhöhten Bezahlung einen übermäßigen Gewinn erzielt,
d) wer aus unlauteren Gründen Waren anhäuft oder sie auf andere unerlaubte Weise in größerem Ausmaß der Produktion, dem Umlauf oder Verbrauch entzieht, oder
e) wer sich in Umtriebe einläßt, oder grob ungehörige und dauernde Handlungen begeht, durch die der Umlauf oder Verbrauch von Waren gestört wird.

3. Mit Freiheitsentziehung von 10 bis 20 Jahren und Vermögensverfall wird der Täter bestraft,

a) wenn durch die im Absatz 1 angeführte Tat tatsächlich eine ernste Störung in der Versorgung verursacht wurde, oder

b) wenn durch eine solche Tat die Gefahr einer ernsten Störung in der Versorgung einer bedeutenden Anzahl von Einwohnern verursacht wurde.

4. Mit lebenslanger Freiheitsentziehung oder mit dem Tode und Vermögensverfall wird der Täter bestraft,

a) wenn die im Absatz 1 angeführte Tat eine drohende Notlage vieler Menschen zur Folge hat, oder

b) wenn eine solche Tat in einer Zeit erhöhter Gefährdung des Vaterlandes begangen wird und wenn einige der in den Absätzen 2 und 3 angeführten Umstände vorliegen.

Gefährdung des einheitlichen Wirtschaftsplans.

§ 135.

1. Wer fahrlässig den Betrieb oder die Entfaltung eines staatlichen*), nationalen, kommunalen oder anderen öffentlichen Unternehmens oder einer Genossenschaft hindert oder erschwert, insbesondere dadurch, daß er die Pflichten seines Berufs, seiner Beschäftigung oder seines Dienstes nicht erfüllt oder verletzt, oder die Erfüllung einer solchen Pflicht umgeht, wird mit Freiheitsentziehung bis zu einem Jahr und mit Geldstrafe bestraft.

2. Mit Freiheitsentziehung von 3 Monaten bis zu 3 Jahren und Geldstrafe wird der Täter bestraft, wenn durch eine im Absatz 1 angeführte Tat die Durchführung oder Erfüllung des einheitlichen Wirtschaftsplans auf irgendeinem Sektor vereitelt oder erschwert wurde.

§ 136.

Wenn ein Privatunternehmer oder derjenige, der für die Leitung von dessen Unternehmen verantwortlich ist, seine Pflichten, die sich aus dem einheitlichen Wirtschaftsplan oder aus öffentlichen Lieferungen oder Arbeiten ergeben, auch nur fahrlässig nicht erfüllt, wird er mit Freiheitsentziehung bis zu 6 Monaten und Geldstrafe bestraft.

§ 137.

Umtriebe bei öffentlichen Lieferungen und Arbeiten.

1. Wer bei öffentlichen Lieferungen oder Arbeiten eine Handlung begeht, die den Besteller schädigen oder die Erfüllung von dessen Aufgaben vereiteln könnte, wird mit Freiheitsentziehung bis zu 2 Jahren und Geldstrafe bestraft.

---

*) s. Anmerkung zu § 84.

2. Mit Freiheitsentziehung von einem Jahr bis zu fünf Jahren und Geldstrafe wird der Täter bestraft,

a) wenn eine im Absatz 1 angeführte Tat einen bedeutenden Schaden zur Folge hat, oder

b) wenn ein anderer besonders erschwerender Umstand vorliegt.

§ 138.

Gefährdung der Planung und der Kontrolle der Erfüllung des Plans.

1. Wer in einem Berichte, in einer Betriebsabrechnung oder in einer geschäftlichen Aufzeichnung, die zur Aufstellung des einheitlichen Wirtschaftsplans oder zur Kontrolle der Durchführung und Erfüllung des Plans dienen sollen, vorsätzlich täuschende Angaben über ein Unternehmen macht, wird mit Freiheitsentziehung bis zu 6 Monaten bestraft.

2. Mit Freiheitsentziehung von 3 Monaten bis zu 2 Jahren wird der Täter bestraft,

a) wenn eine im Absatz 1 angeführte Tat einen bedeutenden Schaden zur Folge hat, oder

b) wenn ein anderer besonders erschwerender Umstand vorliegt.

Dritter Abschnitt.

Straftaten gegen die Währung.

§ 139.

Fälschung und Veränderung von Zahlungsmitteln.

1. Wer ein Zahlungsmittel nachmacht mit dem Vorsatz, es als echtes auszugeben, wird mit Freiheitsentziehung von 5 bis 20 Jahren und Verfall des Vermögens bestraft.

2. Ebenso wird bestraft, wer

a) ein aus dem Umlauf gezogenes Zahlungsmittel mit dem Vorsatz, es als gültiges Zahlungsmittel auszugeben, oder

b) ein Zahlungsmittel anderen Wertes mit dem Vorsatz, es als Zahlungsmittel höheren Wertes auszugeben,

verändert.

3. Mit lebenslanger Freiheitsentziehung und Verfall des Vermögens wird der Täter bestraft,

a) wenn er eine im Absatz 1 oder 2 angeführte Tat als Mitglied einer Verbindung begeht,

b) wenn er eine solche Tat in bedeutendem Umfang begeht,

c) wenn er eine solche Tat erwerbsmäßig begeht,

d) wenn durch eine solche Tat die tschechoslowakische Währung gefährdet werden kann, oder

e) wenn ein anderer besonders erschwerender Umstand vorliegt.

§ 140.

Inverkehrbringen gefälschter und veränderter Zahlungsmittel.

1. Wer ein gefälschtes oder verändertes Zahlungsmittel

a) vorsätzlich als echtes ausgibt,
b) zu einem solchen Zwecke in das Gebiet der Tschechoslowakischen Republik verbringt, oder
c) zu einem solchen Zwecke sich selbst oder einem anderen verschafft,

wird mit Freiheitsentziehung von 5 bis 10 Jahren und Geldstrafe bestraft.

2. Mit Freiheitsstrafe von 10 bis 20 Jahren und Geldstrafe wird der Täter bestraft,

a) wenn er eine im Absatz 1 angeführte Tat als Mitglied einer Verbindung begeht,
b) wenn er eine solche Tat in bedeutendem Umfang begeht,
c) wenn er eine solche Tat erwerbsmäßig begeht,
d) wenn durch eine solche Tat die tschechoslowakische Währung gefährdet werden kann, oder
e) wenn ein anderer besonders erschwerender Umstand vorliegt.

3. Wer ein gefälschtes oder verändertes Zahlungsmittel, mit dem ihm als echtes gezahlt wurde, vorsätzlich als echtes ausgibt, wird mit Freiheitsentziehung bis zu einem Jahre bestraft.

§ 141.

Münzverringerung und Inverkehrbringen verringerter Münzen.

1. Wer den Metallgehalt einer Münze verringert mit dem Vorsatz, jemandem Schaden zuzufügen oder sich oder einem andern einen unberechtigten Vorteil zu verschaffen, wird mit Freiheitsentziehung von 6 Monaten bis zu 3 Jahren bestraft.

2. Ebenso wird bestraft, wer eine verringerte Münze auf eine im Absatz 1 angeführte Weise

a) vorsätzlich als vollwertiges Zahlungsmittel ausgibt,
b) zu einem solchen Zwecke ins Gebiet der Tschechoslowakischen Republik verbringt, oder
c) zu einem solchen Zwecke sich selbst oder einem anderen verschafft.

3. Mit Freiheitsentziehung von einem Jahr bis zu 5 Jahren und Geldstrafe wird der Täter bestraft,

a) wenn er eine im Absatz 1 oder 2 angeführte Tat als Mitglied einer Verbindung begeht,
b) wenn er eine solche Tat in bedeutendem Umfang begeht,
c) wenn er eine solche Tat erwerbsmäßig begeht, oder
d) wenn ein anderer besonders erschwerender Umstand vorliegt

4. Wer eine Münze, die auf eine im Absatz 1 angeführte Weise verringert wurde, und ihm schon als vollwertige Münze gezahlt wurde, vorsätzlich als vollwertiges Zahlungsmittel ausgibt, wird mit Freiheitsentziehung bis zu 6 Monaten bestraft.

§ 142.

Anfertigung und Haltung von Fälschergerät.

1. Wer ein Werkzeug oder einen anderen Gegenstand, der zur Fälschung oder Veränderung von Zahlungsmitteln oder zur Verringerung von Münzen bestimmt ist, anfertigt, sich oder einem anderen verschafft, oder aufbewahrt, wird mit Freiheitsentziehung von 3 Monaten bis zu 3 Jahren bestraft.

2. Mit Freiheitsentziehung von einem Jahr bis zu 5 Jahren wird der Täter bestraft,

a) wenn er eine im Absatz 1 angeführte Tat in Ausübung seines Berufs begeht,
b) wenn er eine solche Tat erwerbsmäßig begeht, oder
c) wenn ein anderer besonders erschwerender Umstand vorliegt.

§ 143.

Gefährdung des Umlaufs inländischer Zahlungsmittel.

Wer vorsätzlich

a) ohne gesetzlichen Grund inländische Zahlungsmittel zurückweist oder deren Annahme an bestimmte Bedingungen knüpft,
b) ohne wirtschaftliches Bedürfnis oder über das Maß desselben hinaus inländische kleine Zahlungsmittel, namentlich Münzen, sammelt, oder
c) inländische Zahlungsmittel beschädigt,

wird mit Freiheitsentziehung bis zu 6 Monaten bestraft.

§ 144.

Unerlaubte Anfertigung und Inverkehrbringen von Ersatzmitteln für inländische Zahlungsmittel.

Wer unbefugt

a) Ersatzmittel für inländische Zahlungsmittel anfertigt oder ausgibt, oder
b) solche Ersatzmittel in Umlauf setzt, mit ihnen zahlt oder sie als Zahlungsmittel annimmt,

wird mit Freiheitsentziehung bis zu 6 Monaten bestraft.

Gefährdung der Devisenwirtschaft.

§ 145.

1. Wer vorsätzlich der Devisenwirtschaft einen bedeutenden Schaden zufügt, indem er entgegen den Vorschriften über die gebundene Devisenwirtschaft

a) Vermögenswerte nicht anmeldet oder nicht abführt,
b) sich eine Auslandsforderung nicht bezahlen läßt oder in unerlaubter Weise bezahlen läßt,
c) ins Ausland oder zugunsten eines Devisenausländers zahlt oder im Ausland von einem Devisenausländer oder zu dessen Gunsten eine Zahlung annimmt,
d) Zahlungsmittel, Wertpapiere oder Edelmetalle ausführt, einführt oder durchführt,
e) ausländische Zahlungsmittel erwirbt oder verwertet,
f) Waren ein- oder ausführt, Geschenke, Übersiedlungsgut oder einen Wertgegenstand ausführt,
g) Wertpapiere, Edelmetalle, eine Forderung, eine Liegenschaft, ein Unternehmen (Geschäft), einen Anteil oder eine Beteiligung an Unternehmen, Gesellschaften oder ähnlichen Betriebsformen verwertet,
h) einen Kredit, eine Bürgschaft oder Sicherheit bietet oder annimmt,
ch) einen Versicherungs- oder Rückversicherungsvertrag schließt,
i) ein Rechtsgeschäft über einen Anspruch aus dem Urheber-, Lizenz- oder Patentrecht abschließt, oder
j) eine andere Handlung zum Schaden der tschechoslowakischen Währung oder des ungestörten Zahlungsverkehrs mit dem Ausland begeht,

wird mit Freiheitsentziehung von einem Jahr bis zu 5 Jahren und mit Geldstrafe bestraft.

2. Mit Freiheitsentziehung von 5 bis 10 Jahren und Geldstrafe wird der Täter bestraft,

a) wenn er eine im Absatz 1 angeführte Tat als Mitglied einer Verbindung begeht,
b) wenn er zur Erleichterung einer solchen Tat zweierlei Rechnungsbücher geführt hat, wenn er Rechnungsbücher beseitigt oder gefälschte Urkunden oder andere Täuschungsmittel benutzt hat,
c) wenn er zur Erleichterung einer solchen Tat einen amtlichen Verschluß verletzt hat, oder
d) wenn er eine solche Tat begeht, obwohl er schon wegen einer solchen Tat bestraft worden ist.

Bedingte Verurteilung ist ausgeschlossen.

§ 146.

Wer mit dem Vorsatz, die Devisenwirtschaft erheblich zu schädigen, für sich oder einen anderen auf Grund einer unwahren oder unvollständigen Angabe eine Genehmigung oder eine Urkunde, die nach den Devisenvorschriften erforderlich sind, erwirbt, wird mit Freiheitsentziehung von einem Jahr bis zu 5 Jahren und mit Geldstrafe bestraft.

§ 147.

Gemeinsame Bestimmungen.

Den Schutz der §§ 139 bis 142 genießen auch ausländische Zahlungsmittel, sowie massenweise ausgegebene inländische und ausländische Wertpapiere, die auf Inhaber lauten oder durch Indossament übertragbar sind, und Schecke.

Vierter Abschnitt.

Steuerstraftaten und Verstöße gegen die Vorschriften über den Warenumlauf im Verkehr mit dem Ausland.

Steuerhinterziehung und Steuergefährdung.

§ 148.

1. Wer vorsätzlich in bedeutendem Umfang Steuern hinterzieht oder einen Steuervorteil erschleicht oder einen solchen Vorteil mißbraucht, wird mit Freiheitsentziehung bis zu 2 Jahren und Geldstrafe bestraft.

2. Mit Freiheitsentziehung von einem Jahr bis zu 5 Jahren und Geldstrafe wird ein Täter bestraft,

a) wenn er eine im Absatz 1 angeführte Tat mindestens mit 2 Personen begeht,
b) wenn er zur Erleichterung einer solchen Tat zweierlei Rechnungsbücher geführt hat, wenn er Rechnungsbücher beseitigt oder gefälschte Urkunden oder andere Täuschungsmittel benutzt hat,
c) wenn er zur Erleichterung einer solchen Tat einen amtlichen Verschluß verletzt hat,
d) wenn eine solche Tat einen bedeutenden Schaden zur Folge hat, oder
e) wenn ein anderer besonders erschwerender Umstand vorliegt.

§ 149.

1. Wer mit dem Vorsatz einer Steuerhinterziehung Waren über eine Zollgrenze schafft und dabei mit einer Waffe versehen ist, wird mit Freiheitsentziehung bis zu 2 Jahren und Geldstrafe bestraft.

2. Wer mit dem Vorsatz, eine Steuer zu hinterziehen oder einen Steuervorteil zu erschleichen oder einen solchen Vorteil zu mißbrauchen,

a) mit mindestens 2 Personen sich verbindet,
b) zweierlei Rechnungsbücher führt, Rechnungsbücher beseitigt oder gefälschte Urkunden oder andere Täuschungsmittel benutzt, oder
c) einen amtlichen Verschluß verletzt,

wird mit Freiheitsentziehung bis zu einem Jahr und Geldstrafe bestraft.

§ 150.

Wer vorsätzlich eine Steuer hinterzieht oder einen Steuervorteil erschleicht oder einen solchen Vorteil mißbraucht, obwohl er schon wegen Steuerhinterziehung und Steuergefährdung nach § 148 oder § 149 bestraft worden ist, wird mit Freiheitsentziehung bis zu einem Jahr und Geldstrafe bestraft.

Verletzung der Vorschriften über den Warenumlauf im Verkehr mit dem Ausland.

§ 151.

1. Wer vorsätzlich das Gemeinwohl erheblich gefährdet, indem er ein Verbot oder eine Beschränkung der Einfuhr, Ausfuhr oder Durchfuhr von Waren verletzt, wird mit Freiheitsentziehung bis zu 2 Jahren und Geldstrafe bestraft.

2. Mit Freiheitsentziehung von einem Jahre bis zu 5 Jahren wird der Täter bestraft,

a) wenn er die im Absatz 1 angeführte Tat mindestens mit zwei Personen begeht,

b) wenn er zur Erleichterung einer solchen Tat zweierlei Rechnungsbücher geführt hat, wenn er Rechnungsbücher beseitigt oder gefälschte Urkunden oder andere Täuschungsmittel benutzt hat,

c) wenn er zur Erleichterung einer solchen Tat einen amtlichen Verschluß verletzt hat,

d) wenn eine solche Tat einen bedeutenden Schaden zur Folge hat, oder

e) wenn ein anderer besonders erschwerender Umstand vorliegt.

§ 152.

1. Wer mit dem Vorsatz, ein Verbot oder eine Beschränkung der Einfuhr, Ausfuhr oder Durchfuhr von Waren zu verletzen, Waren über eine Zollgrenze schafft und dabei mit einer Waffe versehen ist, wird mit Freiheitsentziehung bis zu 2 Jahren und Geldstrafe bestraft.

2. Wer mit dem Vorsatz, ein Verbot oder eine Beschränkung der Einfuhr, Ausfuhr oder Durchfuhr von Waren zu verletzen,

a) mit mindestens zwei Personen sich verbindet,

b) zweierlei Rechnungsbücher führt, Rechnungsbücher beseitigt oder gefälschte Urkunden oder andere Täuschungsmittel benutzt, oder

c) einen amtlichen Verschluß verletzt,

wird mit Freiheitsentziehung bis zu einem Jahr und Geldstrafe bestraft.

§ 153.

Wer vorsätzlich ein Verbot oder eine Beschränkung der Einfuhr, Ausfuhr oder Durchfuhr von Waren verletzt, obwohl er schon wegen Verletzung der Vorschriften über den Umlauf von Waren im Verkehr mit dem Ausland gemäß § 151 oder § 152 bestraft worden ist, wird mit Freiheitsentziehung bis zu einem Jahr und Geldstrafe bestraft.

DRITTES HAUPTSTÜCK.

STRAFTATEN GEGEN DIE ORDNUNG IN ÖFFENTLICHEN ANGELEGENHEITEN.

Erster Abschnitt.

Straftaten gegen die Volksverwaltung und Gerichtsbarkeit.

§ 154.

Gewalttätigkeit gegen Nationalausschüsse und Gerichte.

1. Wer Gewalt anwendet oder mit Gewalttätigkeit droht in dem Vorsatz, auf die Ausübung der Befugnisse eines Nationalausschusses oder eines Gerichts einzuwirken, wird mit Freiheitsentziehung von einem Jahr bis zu fünf Jahren bestraft.

2. Ebenso wird bestraft, wer an einer Zusammenrottung von mindestens drei Personen zu einer im Absatz 1 angeführten Tat teilnimmt.

3. Mit Freiheitsentziehung von 5 bis 10 Jahren wird der Täter bestraft,

a) wenn er eine im Absatz 1 oder 2 angeführte Tat mit einer Waffe begeht, oder
b) wenn ein anderer besonders erschwerender Umstand vorliegt.

§ 155.

Gewalttätigkeit wegen Ausübung des Wahlrechts.

1. Wer gegen einen anderen Gewalt anwendet oder ihm einen Vermögensschaden zufügt, weil jener

a) das Wahlrecht überhaupt ausgeübt oder nicht ausgeübt hat, oder
b) das Wahlrecht in einem bestimmten Sinne oder auf eine bestimmte Weise ausgeübt oder nicht ausgeübt hat,

wird mit Freiheitsentziehung von 3 Monaten bis zu 3 Jahren bestraft.

2. Mit Freiheitsentziehung von einem Jahr bis zu 5 Jahren wird der Täter bestraft, wenn eine im Absatz 1 angeführte Tat die Ausübung des Rechts, gewählt zu werden, betrifft.

§ 156.

Bestechung bei Wahlen.

1. Wer einem andern einen Vermögensvorteil dafür gewährt, anbietet oder verspricht, daß jener

a) das Wahlrecht überhaupt ausübt oder nicht ausübt, oder

b) das Wahlrecht in einem bestimmten Sinne oder auf eine bestimmte Weise ausübt oder nicht ausübt,

wird mit Freiheitsentziehung bis zu einem Jahre und mit Geldstrafe bestraft.

2. Ebenso wird bestraft, wer in Zusammenhang mit der Ausübung des Wahlrechts einen Vermögensvorteil fordert, annimmt oder sich versprechen läßt.

§ 157.

Wahlbetrug.

Wer vorsätzlich das Wahlrecht ausübt, obwohl er hierzu nicht berechtigt ist, oder

wer einen andern arglistig an der Ausübung des Wahlrechts hindert,

wird mit Freiheitsentziehung bis zu einem Jahr bestraft.

§ 158.

Unwahre ehrenwörtliche Erklärung.

Wer vorsätzlich in einer ehrenwörtlichen Erklärung, die er einer Behörde gegenüber zum Beweise oder zur Bezeugung einer Tatsache abgibt, die Unwahrheit sagt, wird mit Freiheitsentziehung bis zu einem Jahr bestraft.

§ 159.

Fälschung und Änderung einer öffentlichen Urkunde.

1. Wer eine öffentliche Urkunde fälscht oder ihren Inhalt wesentlich verändert mit dem Vorsatz, sie zu gebrauchen oder sie als echte gebrauchen zu lassen, oder

wer vorsätzlich eine solche Urkunde als echte gebraucht, wird mit Freiheitsentziehung bis zu 2 Jahren bestraft.

2. Mit Freiheitsentziehung von einem Jahr bis zu zehn Jahren wird der Täter bestraft,

a) wenn er eine im Absatz 1 angeführte Tat in bedeutendem Umfang begeht,

b) wenn er eine solche Tat erwerbsmäßig begeht, oder

c) wenn ein anderer besonders erschwerender Umstand vorliegt.

§ 160.

Fälschung und Änderung von Marken und Stempeln.

1. Wer Post- oder Stempelmarken oder Stempel fälscht oder ändert, um einen andern zu schädigen, oder sich oder einem andern einen rechtswidrigen Vorteil zu verschaffen, oder

wer solche Marken oder Stempel vorsätzlich in Umlauf setzt oder sie als echte benutzt,

wird mit Freiheitsentziehung bis zu 2 Jahren und Geldstrafe bestraft.

2. Mit Freiheitsentziehung von einem Jahr bis zu fünf Jahren und Geldstrafe wird der Täter bestraft,

a) wenn er eine im Absatz 1 angeführte Tat in bedeutendem Umfang begeht,
b) wenn er eine solche Tat erwerbsmäßig begeht, oder
c) wenn ein anderer besonders erschwerender Umstand vorliegt.

§ 161.

Falsche Aussage.

1. Wer als Zeuge, Sachverständiger oder Dolmetscher vor Gericht, vor dem Prokurator oder vor einer entscheidenden Abteilung eines Nationalausschusses vorsätzlich die Unwahrheit über wesentliche Umstände aussagt oder diese verschweigt, wird mit Freiheitsentziehung von einem Jahr bis zu fünf Jahren bestraft.

2. Mit Freiheitsentziehung von 5 bis 15 Jahren wird der Täter bestraft,

a) wenn die im Absatz 1 angeführte Tat einen bedeutenden Schaden zur Folge haben kann oder hat, oder
b) wenn ein anderer besonders erschwerender Umstand vorliegt.

§ 162.

Falsche Anschuldigung.

1. Wer einen anderen lügnerisch einer strafbaren Handlung beschuldigt in dem Vorsatz, Anlaß zu dessen Verfolgung zu geben, wird mit Freiheitsentziehung von einem Jahr bis zu 5 Jahren bestraft.

2. Mit Freiheitsentziehung von 5 bis 15 Jahren wird der Täter bestraft,

a) wenn die im Absatz 1 angeführte Tat einen bedeutenden Schaden zur Folge haben kann oder hat, oder
b) wenn ein anderer besonders erschwerender Umstand vorliegt.

§ 163.

Begünstigung*).

1. Wer dem Täter einer strafbaren Handlung Beistand leistet mit dem Vorsatz, ihm zu ermöglichen, der Strafverfolgung, der

*) s. Einleitung S. 19.

Strafe oder Schutzmaßnahme oder deren Vollzug zu entgehen, wird mit Freiheitsentziehung von 3 Monaten bis zu 3 Jahren bestraft; wenn er aber auf diese Weise dem Täter zu einer strafbaren Handlung, für die das Gesetz eine mildere Strafe bestimmt, Beihilfe leistet, wird er mit jener milderen Strafe bestraft.

2. Mit Freiheitsentziehung von einem bis zu fünf Jahren wird der Täter bestraft, wenn er auf die im Absatz 1 angeführte Weise dem Täter zu einer strafbaren Handlung Beistand leistet, für die das Gesetz die Todesstrafe, lebenslange Freiheitsentziehung oder eine zeitliche Freiheitsentziehung, deren untere Grenze mindestens 10 Jahre beträgt, vorsieht.

3. Wer eine im Absatz 1 oder 2 angeführte Tat zugunsten einer nahestehenden Person begeht, ist nicht strafbar, sofern er nicht mit dem Vorsatz gehandelt hat,

a) einer Person, die Hochverrat (§ 78), Sabotage (§§ 84 und 85) oder Spionage (§§ 86 und 87) begangen hat, zu helfen,
b) sich oder einem andern einen Vermögensvorteil zu verschaffen, oder
c) dem Täter beizustehen, dem Vollzug der Strafe des Vermögensverfalls oder Verfalls einer Sache oder dem Vollzug einer Schutzmaßnahme zu entgehen.

§ 164.

Nichtverhinderung einer Straftat.

1. Wer vorsätzlich eine Straftat, für die das Gesetz die Todesstrafe, lebenslange Freiheitsentziehung oder zeitliche Freiheitsentziehung, deren untere Grenze mindestens ein Jahr beträgt, vorsieht, nicht verhindert, wird mit Freiheitsentziehung bis zu einem Jahr bestraft.

2. Mit Freiheitsentziehung von einem Jahr bis zu fünf Jahren wird der Täter bestraft, wenn die im Absatz 1 angeführte Tat sich bezieht auf: Hochverrat (§ 78), Sabotage (§§ 84 und 85), Spionage (§§ 86 und 87), Schädigung im Kriege nach § 99, Mord an einem verfassungsmäßigen Funktionär (§ 104), Beschädigung eines verfassungsmäßigen Funktionärs an der Gesundheit (§§ 105 und 106), Gewalttätigkeit gegen einen verfassungsmäßigen Funktionär (§ 108), Fälschung und Veränderung von Zahlungsmitteln (§ 139), Inverkehrbringen gefälschter und veränderter Zahlungsmittel (§ 140), Gemeingefährdung nach § 190, Mord (§ 216), Raub (§ 232), Fahnenflucht (§§ 273 und 274), Meuterei (§ 276), Verletzung von Pflichten eines Befehlshabers (§§ 287 und 288) oder Gefährdung des Kampfgeistes nach den §§ 295 und 296.

3. Wer eine im Absatz 1 oder 2 angeführte Tat begeht, ist nicht strafbar, wenn er die Straftat nicht ohne erhebliche Schwierigkeiten oder ohne Gefahr für sich oder, sofern es sich nicht um Hochverrat (§ 78), Sabotage (§§ 84 und 85) oder Spionage (§§ 86 und 87) handelt, ohne Gefahr für eine ihm nahestehende Person verhindern konnte.

§ 165.

Nichtanzeige einer Straftat.

1. Wer auf glaubwürdige Weise erfährt, daß ein anderer Hochverrat (§ 78), eine Vereinigung gegen die Republik (§§ 79 und 80), Sabotage (§§ 84 und 85), Spionage (§§ 86 und 87), Gefährdung eines Staatsgeheimnisses nach § 88, Schädigung im Kriege nach § 99, Mord an einem verfassungsmäßigen Funktionär (§ 104), Beschädigung eines verfassungsmäßigen Funktionärs an seiner Gesundheit (§§ 105 und 106), Gewalttätigkeiten gegen einen verfassungsmäßigen Funktionär (§ 108), unerlaubte Bewaffnung (§§ 120 und 121), Fälschung und Veränderung von Zahlungsmitteln (§ 139), Inverkehrbringen gefälschter und veränderter Zahlungsmittel (§ 140), Gemeingefährdung nach § 190, Mord (§ 216), Raub (§ 232), Fahnenflucht (§§ 273 und 274) oder Meuterei (§ 276) vorbereitet oder begangen hat, und es vorsätzlich unterläßt, eine solche Straftat unverzüglich dem Prokurator oder einem Organ der öffentlichen Sicherheit anzuzeigen, wird mit Freiheitsentziehung von einem bis zu fünf Jahren bestraft.

2. Wer eine im Absatz 1 angeführte Tat begeht, ist nicht strafbar, wenn er die Anzeige nicht ohne Gefahr für sich oder, sofern es sich nicht um Hochverrat (§ 78), Sabotage (§§ 84 und 85) oder Spionage (§§ 86 und 87) handelt, ohne Gefahr für eine ihm nahestehende Person erstatten konnte.

§ 166.

Verbindung.

1. Wer sich mit jemandem zur Begehung einer strafbaren Handlung verbindet, die nach dem Gesetz mit einer Strafe zeitlicher Freiheitsentziehung, deren untere Grenze mindestens ein Jahr beträgt, und fünf Jahre nicht übersteigt, bedroht ist, oder

wer eine solche Verbindung oder ihre Teilnehmer in ihren Bestrebungen unterstützt,

wird mit Freiheitsentziehung bis zu einem Jahr bestraft.

2. Mit Freiheitsentziehung von einem bis zu fünf Jahren wird der Täter bestraft, wenn die im Absatz 1 angeführte Tat eine strafbare Handlung betrifft, die nach dem Gesetz mit einer Strafe zeitlicher Freiheitsentziehung, deren untere Grenze 5 Jahre übersteigt, bedroht ist.

3. Mit Freiheitsentziehung von 5 bis 10 Jahren wird der Täter bestraft, wenn die im Absatz 1 angeführte Tat eine strafbare Handlung betrifft, die nach dem Gesetz mit der Todesstrafe oder mit lebenslanger Freiheitsentziehung bedroht ist.

4. Die Bestimmungen der Absätze 1 bis 3 finden keine Anwendung, wenn die Verbindung zur Begehung der Straftat nach anderen Bestimmungen strafbar ist.

Aufreizung.

§ 167.

1. Wer öffentlich zu einer Straftat aufreizt, wird mit Freiheitsentziehung von 3 Monaten bis zu 3 Jahren bestraft.

2. Mit Freiheitsentziehung von einem Jahr bis zu fünf Jahren wird der Täter bestraft, wenn die im Absatz 1 angeführte Tat eine strafbare Handlung betrifft, die nach dem Gesetz mit zeitlicher Freiheitsentziehung, deren untere Grenze 5 Jahre beträgt, bedroht ist.

3. Mit Freiheitsentziehung von 5 bis 10 Jahren wird der Täter bestraft, wenn die im Absatz 1 angeführte Tat eine strafbare Handlung betrifft, die nach dem Gesetz mit der Todesstrafe oder einer lebenslangen Freiheitsentziehung bedroht ist.

§ 168.

1. Wer öffentlich zur massenweisen Nichterfüllung einer gesetzlich auferlegten Verpflichtung aufreizt, wird mit Freiheitsentziehung bis zu einem Jahr bestraft.

2. Mit Freiheitsentziehung von 3 Monaten bis zu 3 Jahren wird der Täter bestraft,

a) wenn die im Absatz 1 angeführte Tat eine besonders wichtige Verpflichtung betrifft,

b) wenn eine solche Tat einen bedeutenden Schaden zur Folge hat, oder

c) wenn ein anderer besonders erschwerender Umstand vorliegt.

§ 169.

Gutheißen einer Straftat.

1. Wer öffentlich

a) eine Straftat anpreist oder ausdrücklich gutheißt oder dazu anderweitig seine Zustimmung ausdrückt, oder

b) den Täter wegen der Straftat preist oder feiert,

wird mit Freiheitsentziehung bis zu einem Jahr bestraft.

2. Ebenso wird bestraft, wer mit dem Vorsatz, seine Zustimmung zu einer Straftat zum Ausdruck zu bringen,

a) den Täter belohnt,

b) ihm für die Strafe oder für die Erfüllung der vom Gericht dem Täter gemachten Auflage eine Ersatzleistung gewährt, oder

c) für eine solche Belohnung oder Ersatzleistung Sammlungen veranstaltet.

3. Mit Freiheitsentziehung von einem Jahr bis zu fünf Jahren wird der Täter bestraft, wenn die im Absatz 1 oder 2 angeführte Tat eine strafbare Handlung betrifft, die nach dem Gesetz mit der Todesstrafe, der Strafe lebenslanger Freiheitsentziehung oder einer Strafe zeitlicher Freiheitsentziehung, deren untere Grenze mindestens 10 Jahre beträgt, bedroht ist.

§ 170.

Gefangenenmeuterei.

1. Wenn eine Gruppe von Gefangenen sich dem Aufsichtsorgan, dessen Befehl oder der Gefängnisordnung widersetzt, wird jeder Teilnehmer an dieser Tat mit Freiheitsentziehung bis zu 5 Jahren bestraft.

2. Wer sich mit einem anderen verbindet, um eine im Absatz 1 angeführte Tat durchzuführen oder zu unternehmen, wird mit Freiheitsentziehung bis zu einem Jahr bestraft.

Vereitelung der Vollstreckung einer behördlichen Entscheidung.

§ 171.

Wer die Vollstreckung einer Entscheidung eines Nationalausschusses, Gerichts oder einer anderen Behörde oder eines öffentlichen Organs vorsätzlich vereitelt oder erschwert, indem er

a) eine Sache, auf die sich diese Entscheidung bezieht, vernichtet, beschädigt, unbrauchbar macht, verheimlicht, veräußert oder beiseite schafft, oder

b) der Wache oder aus der Haft entweicht,

wird mit Freiheitsentziehung bis zu 5 Jahren bestraft.

§ 172.

Wer aus Fahrlässigkeit einem anderen es ermöglicht oder erleichtert, der Wache oder aus der Haft zu entweichen, wird mit Freiheitsentziehung bis zu einem Jahr bestraft.

Vereitelung der Aufsicht über kirchliche oder religiöse Gesellschaften.

§ 173.

1. Wer eine seelsorgerische Tätigkeit in der Kirche oder in einer religiösen Gesellschaft ohne staatliche Zustimmung ausübt, wird mit Freiheitsentziehung bis zu 3 Jahren bestraft.

2. Ebenso wird bestraft, wer eine seelsorgerische Tätigkeit in einer Kirche oder in einer religiösen Gesellschaft an einem Orte, für den er nicht mit staatlicher Zustimmung bestimmt wurde, ausübt.

3. Wer ohne staatliche Zustimmung einen anderen dazu bestimmt, seelsorgerische Tätigkeit in einer Kirche oder in einer religiösen Gesellschaft auszuüben, wird mit Freiheitsentziehung von einem bis zu fünf Jahren bestraft.

§ 174.

1. Wer die Ausübung der Staatsaufsicht über die Kirche oder eine religiöse Gesellschaft vorsätzlich vereitelt oder erschwert, wird mit Freiheitsentziehung von einem bis zu fünf Jahren bestraft.

2. Ebenso wird bestraft, wer sonstwie die Bestimmungen des Gesetzes über die wirtschaftliche Sicherung der Kirchen und religiösen Gesellschaften durch den Staat vorsätzlich verletzt.

Zweiter Abschnitt.

Strafbare Handlungen gegen die Pflichten öffentlicher Funktionäre*).

Pflichtverletzungen eines öffentlichen Funktionärs.

§ 175.

1. Ein öffentlicher Funktionär, der mit dem Vorsatz, einem andern Schaden zuzufügen oder sich selbst oder einem anderen einen unberechtigten Vorteil zu verschaffen,

a) öffentliche Angelegenheiten in gesetzwidriger Weise besorgt,
b) die Grenzen seiner Befugnisse überschreitet, oder
c) seine Pflicht nicht erfüllt,

wird mit Freiheitsentziehung von einem bis zu fünf Jahren bestraft.

2. Mit Freiheitsentziehung von 5 bis 10 Jahren wird der Täter bestraft,

a) wenn er sich einer im Absatz 1 angeführten Tat wiederholt schuldig gemacht oder sie durch längere Zeit hindurch begangen hat,
b) wenn eine solche Tat eine ernste Störung der Tätigkeit einer Behörde oder eines öffentlichen Organs oder eines Unternehmens, in dem der Täter tätig ist oder für das er arbeitet, zur Folge hat,
c) wenn durch eine solche Tat in höherem Maße das Vertrauen des arbeitenden Volkes in die Unparteilichkeit oder Würde einer Behörde oder eines öffentlichen Organs gefährdet werden kann,
d) wenn eine solche Tat einen anderen bedeutenden Schaden zur Folge hat oder
e) wenn ein anderer besonders erschwerender Umstand vorliegt.

3. Die in den Absätzen 1 und 2 festgesetzten Strafsätze erhöhen sich auf das Doppelte, wenn sich eine Militärperson (§ 269 Abs. 2) bei Ausübung ihrer Befehlsgewalt in einer Zeit erhöhter Gefährdung des Vaterlandes einer solchen Tat schuldig macht.

4. Mit dem Tode wird der Täter bestraft, wenn er die im Absatz 1 oder 2 angeführte Tat in einer Zeit erhöhter Gefährdung des Vaterlandes als Militärperson (§ 269 Abs. 2) bei Ausübung seiner Befehlsgewalt begeht und die Tat besonders schwere Folgen hat.

§ 176.

1. Ein öffentlicher Funktionär, der fahrlässig die Erfüllung der ihm anvertrauten Aufgaben dadurch verhindert, daß er

a) öffentliche Angelegenheiten in gesetzwidriger Weise besorgt,
b) die Grenzen seiner Befugnisse überschreitet, oder
c) seine Pflicht nicht erfüllt,

wird mit Freiheitsentziehung bis zu einem Jahr bestraft.

---

*) Zum Begriff des „Funktionärs" s. Einleitung S. 18.

2. Mit Freiheitsentziehung von drei Monaten bis zu 3 Jahren wird der Täter bestraft,

a) wenn durch eine im Absatz 1 angeführte Tat ein wichtiges allgemeines Interesse verletzt wird,

b) eine solche Tat einen anderen bedeutenden Schaden zur Folge hat, oder

c) wenn ein anderer besonders erschwerender Umstand vorliegt.

3. Die in den Absätzen 1 und 2 festgesetzten Strafsätze erhöhen sich auf das Doppelte, wenn sich eine Militärperson (§ 269 Abs. 2) bei Ausübung ihrer Befehlsgewalt in einer Zeit erhöhter Gefährdung des Vaterlandes einer solchen Tat schuldig macht.

Dritter Abschnitt.

Strafbare Handlungen gegen öffentliche Funktionäre.

§ 177.

Gewalttätigkeit gegen einen öffentlichen Funktionär*).

1. Wer

a) in dem Vorsatz, auf die Ausübung der Befugnisse eines öffentlichen Funktionärs einzuwirken,

b) gegen einen öffentlichen Funktionär wegen Ausübung seiner Befugnisse, oder

c) gegen einen andern, weil er zum Schutze eines öffentlichen Funktionärs aufgetreten ist,

Gewalt anwendet oder mit Gewalttätigkeit droht, wird mit Freiheitsentziehung von einem bis zu fünf Jahren bestraft.

2. Ebenso wird bestraft, wer an einer Zusammenrottung von mindestens drei Personen zur Begehung einer im Absatz 1 angeführten Tat teilnimmt.

3. Mit Freiheitsentziehung von 3 bis 10 Jahren wird der Täter bestraft,

a) wenn er die im Absatz 1 oder 2 angeführte Tat mit einer Waffe begeht,

b) wenn er durch eine solche Tat einen öffentlichen Funktionär oder jemanden, der zu dessen Schutz auftritt, an der Gesundheit beschädigt, oder

c) wenn ein anderer besonders erschwerender Umstand vorliegt.

§ 178.

Anmaßung der Befugnisse eines öffentlichen Funktionärs.

Wer sich Befugnisse eines öffentlichen Funktionärs anmaßt mit dem Vorsatze, einem anderen Schaden zuzufügen oder sich selbst oder einem andern einen unberechtigten Vorteil zu verschaffen, wird mit Freiheitsentziehung von einem bis zu fünf Jahren bestraft.

---

*) Zum Begriff des „Funktionärs" s. Einleitung S. 18.

§ 179.

Störung der Ausübung der Befugnisse eines öffentlichen Funktionärs.

Wer die Ausübung der Befugnisse eines öffentlichen Funktionärs dadurch erschwert, daß er sich in die Ausübung einmischt, wird mit Freiheitsentziehung bis zu 6 Monaten bestraft.

§ 180.

Beleidigung eines öffentlichen Funktionärs.

Wer einen öffentlichen Funktionär bei der Ausübung seiner Befugnisse oder wegen dieser Ausübung beleidigt, wird mit Freiheitsentziehung bis zu 6 Monaten bestraft.

Vierter Abschnitt.

Bestechung.

§ 181.

Passive Bestechung.

1. Wer in Zusammenhang mit einer Entscheidung in Angelegenheiten öffentlichen Interesses oder mit dem Vollzug einer solchen Entscheidung einen Vorteil annimmt oder sich versprechen läßt, wird mit Freiheitsentziehung bis zu einem Jahre und Geldstrafe bestraft.

2. Wer unter den im Absatz 1 angeführten Umständen einen Vorteil fordert, wird mit Freiheitsentziehung von 3 Monaten bis zu 3 Jahren und Geldstrafe bestraft.

3. Mit Freiheitsentziehung von einem Jahr bis zu fünf Jahren und Geldstrafe wird der Täter bestraft, der sich einer im Absatz 1 oder 2 angeführten Tat als öffentlicher Funktionär schuldig macht.

§ 182.

Aktive Bestechung.

1. Wer einem andern in Zusammenhang mit einer Entscheidung in Angelegenheiten öffentlichen Interesses oder mit dem Vollzug einer solchen Entscheidung einen Vorteil gewährt, anbietet oder verspricht, wird mit Freiheitsentziehung bis zu einem Jahr und mit Geldstrafe bestraft.

2. Mit Freiheitsentziehung von 3 Monaten bis zu 3 Jahren und Geldstrafe wird der Täter bestraft, der sich einer im Absatz 1 angeführten Tat gegenüber einem öffentlichen Funktionär schuldig macht.

§ 183.

Mittelbare Bestechung.

Wer einen Vorteil dafür fordert oder annimmt, daß er seinen Einfluß auf die Ausübung der Befugnisse eines öffentlichen Funktionärs geltend machen werde oder schon geltend gemacht hat, oder

wer einem andern aus einem solchen Grunde einen Vorteil gewährt, anbietet oder verspricht,

wird mit Freiheitsentziehung bis zu einem Jahr und Geldstrafe bestraft.

§ 184.

Besondere Bestimmungen über tätige Reue.

Nicht strafbar wegen aktiver (§ 182) und mittelbarer (§ 183) Bestechung ist, wer einen Vorteil nur deshalb gewährt oder verspricht, weil er darum ersucht wurde, und hierüber freiwillig unverzüglich beim Prokurator oder einem Organ der öffentlichen Sicherheit Anzeige erstattet.

Fünfter Abschnitt.

Andere strafbare Handlungen wider die Ordnung in öffentlichen Angelegenheiten.

§ 185.

Gefährliche Bedrohung*).

Wer mit dem Vorsatz wenigstens bei einem Teil der Bevölkerung eines Ortes Angst oder Unruhe hervorzurufen, damit droht, eine Gemeingefahr (§ 190) herbeizuführen, wird mit Freiheitsentziehung bis zu 2 Jahren bestraft.

Trunkenheit.

§ 186.

Wer sich durch Genuß alkoholischer Getränke oder sonstwie auch nur fahrlässig in den Zustand der Unzurechnungsfähigkeit versetzt und in diesem Zustande eine strafbare Handlung begeht, wird mit Freiheitsentziehung bis zu 5 Jahren bestraft; wenn er aber eine strafbare Handlung begeht, für die das Gesetz eine mildere Strafe vorsieht, wird er mit dieser milderen Strafe bestraft.

§ 187.

1. Wer sich auch nur fahrlässig betrinkt, obwohl er in Trunkenheit zu Ausschreitungen neigt, oder

wer eine Person, die in Trunkenheit zu Ausschreitungen neigt, vorsätzlich trunken macht oder ihre Trunkenheit erhöht,

wird mit Freiheitsentziehung bis zu 6 Monaten bestraft.

---

*) Vgl. § 132 VerwStG.:

Gefährliche Bedrohung.

Wer einen anderen mit einem Nachteil am Leben, an der Gesundheit, Freiheit oder am Eigentum in einer Weise bedroht, daß dies bei dem andern begründete Furcht hervorrufen kann, wird mit Geldbuße bis 25.000 Kcs oder öffentlicher Rüge oder Freiheitsentziehung bis zu einem Monat bestraft.

2. Ebenso wird bestraft, wer alkoholische Getränke unter Umständen genießt, in denen er das Leben oder die Gesundheit von Menschen gefährden oder einen erheblichen Vermögensschaden verursachen könnte.

§ 188.

Grobe Ungehörigkeit.

1. Wer durch grobe Ungehörigkeit öffentliches Ärgernis unter Umständen erregt, die besonderen Anstand und Ernst erfordern, wird mit Freiheitsentziehung bis zu einem Jahr bestraft.

2. Ebenso wird bestraft, wer öffentliches Ärgernis dadurch erregt, daß er einen Ort oder eine Sache, die zu religiösen Zwecken bestimmt sind, grob verunehrt.

§ 189.

Üble Nachrede.

1. Wer das Ansehen eines andern bei einem Mitbürger vorsätzlich dadurch gefährdet, daß er über ihn jemandem die Unwahrheit sagt, wird mit Freiheitsentziehung bis zu 6 Monaten bestraft.

2. Mit Freiheitsentziehung bis zu einem Jahr wird der Täter bestraft,

a) wenn er die im Absatz 2 angeführte Tat öffentlich begeht,
b) wenn er eine solche Tat gegen einen öffentlichen Funktionär wegen der Ausübung von dessen Befugnissen begeht, oder
c) wenn eine solche Tat einen schweren Nachteil zur Folge haben kann oder hat.

VIERTES HAUPTSTÜCK.
GEMEINGEFÄHRLICHE STRAFTATEN.

Gemeingefährdung.

§ 190.

1. Wer vorsätzlich Menschen der Todesgefahr oder schweren Nachteilen an ihrer Gesundheit, oder fremdes Eigentum der Gefahr einer Beschädigung großen Ausmaßes aussetzt (Gemeingefahr), indem er

a) eine Feuersbrunst oder eine Überschwemmung hervorruft,
b) eine schädliche Wirkung von Explosivstoffen, Gas, Elektrizität oder anderen ähnlich gefährlichen Stoffen oder Kräften hervorruft, oder
c) eine andere, ähnlich gemeingefährliche Handlung begeht,

wird mit Freiheitsentziehung von 5 bis 10 Jahren bestraft.

2. Ebenso wird bestraft, wer vorsätzlich

a) eine Gemeingefahr erhöht, oder
b) ihre Abwendung oder Minderung vereitelt oder erschwert.

3. Mit Freiheitsentziehung von 5 bis 20 Jahren wird der Täter bestraft,

a) wenn er eine im Absatz 1 oder 2 angeführte Tat an nationalem Eigentum*) oder dem Eigentum einer Genossenschaft*) begeht,
b) wenn eine solche Tat eine drohende Notlage vieler Menschen oder einen schweren Nachteil an der Gesundheit vieler Menschen oder einen umfangreichen Vermögensschaden zur Folge hat, oder
c) wenn er sich einer solchen Tat in einer Zeit erhöhter Gefährdung des Vaterlandes schuldig macht; in diesem Falle ist die Herabsetzung der Strafe ausgeschlossen.

4. Mit lebenslanger Freiheitsentziehung oder mit dem Tode wird der Täter bestraft,

a) wenn er eine im Absatz 1 oder 2 angeführte Tat innerhalb kurzer Zeit wiederholt begeht,
b) wenn er eine solche Tat als Mitglied einer Verbindung begeht, oder
c) wenn eine solche Tat den Tod eines Menschen zur Folge hat.

§ 191.

1. Wer zur Begehung einer Gemeingefährdung (§ 190)

a) sich erbietet oder seine Hilfe anbietet,
b) sich mit jemandem verbindet, oder
c) Explosivstoffe, Brennstoffe oder andere, ähnlich gefährliche Stoffe herstellt, sich oder einem anderen verschafft, oder verwahrt,

wird mit Freiheitsentziehung von einem bis zu fünf Jahren bestraft.

2. Mit Freiheitsentziehung von 5 bis 10 Jahren wird der Täter bestraft, wenn er eine im Absatz 1 angeführte Tat in einer Zeit erhöhter Gefährdung des Vaterlandes begeht; die Herabsetzung der Strafe ist ausgeschlossen.

§ 192.

1. Wer aus Fahrlässigkeit eine Gemeingefahr (§ 190) herbeiführt oder erhöht, oder ihre Abwendung oder Minderung vereitelt oder erschwert, wird mit Freitheitsentziehung bis zu einem Jahr bestraft.

2. Mit Freiheitsentziehung von einem Jahr bis zu fünf Jahren wird der Täter bestraft,

a) wenn er durch eine im Absatz 1 angeführte Tat eine wichtige Pflicht verletzt, die sich aus seinem Beruf ergibt oder die ihm nach dem Gesetze auferlegt ist,
b) wenn er eine solche Tat an nationalem Eigentum*) oder dem Eigentum einer Genossenschaft*) begeht, oder
c) wenn ein anderer besonders erschwerender Umstand vorliegt.

---

*) S. Anmerkung zu § 84.

§ 193.

Pflichtverletzung bei drohender Not.

Wer vorsätzlich die Abwendung oder Minderung einer drohenden Not, die wenigstens einen Teil der Bevölkerung eines Ortes unmittelbar befällt, dadurch vereitelt oder erschwert, daß er ohne wichtigen Grund

a) Hilfeleistung, die ihm nach dem Gesetz auferlegt ist oder zu der er sich verpflichtet hat, ablehnt, oder

b) es vereitelt, daß solche Hilfe durch eine andere Person geleistet wird,

wird mit Freiheitsentziehung von 3 Monaten bis zu 3 Jahren bestraft.

Gefährdung des Betriebs gemeinnütziger Einrichtungen.

§ 194.

1. Wer vorsätzlich den Betrieb

a) eines öffentlichen Telefons, Telegrafen oder des Rundfunks, der Post, oder der Eisenbahn oder einer anderen Einrichtung zum öffentlichen Massentransport,

b) eines Unterseekabels,

c) einer Kraft- oder Wasserwerks-Einrichtung,

d) einer öffentlichen Schutzeinrichtung gegen Feuer, Hochwasser oder andere Elementarkatastrophen, oder

e) von Verteidigungs- oder Schutzeinrichtungen gegen Fliegerangriffe oder andere ähnliche Angriffe oder gegen deren Folgen

gefährdet, wird mit Freiheitsentziehung von 3 Monaten bis zu 3 Jahren bestraft.

2. Mit Freiheitsentziehung von einem Jahr bis zu fünf Jahren wird der Täter bestraft,

a) wenn er eine im Absatz 1 angeführte Tat in einer Zeit erhöhter Gefährdung des Vaterlandes begeht,

b) wenn eine solche Tat eine tatsächliche Störung des Betriebs zur Folge hat, oder

c) wenn ein anderer besonders erschwerender Umstand vorliegt.

§ 195.

Wer durch Fahrlässigkeit den Betrieb einer gemeinnützigen Einrichtung (§ 194) gefährdet, wird mit Freiheitsentziehung bis zu 6 Monaten bestraft.

§ 196.

Unerlaubte Herstellung und Haltung von Waffen und Explosivstoffen.

1. Wer ohne Erlaubnis Waffen und Munition herstellt oder damit Handel treibt, wird mit Freiheitsentziehung bis zu 2 Jahren bestraft.

2. Ebenso wird bestraft, wer ohne Erlaubnis Explosivstoffe herstellt, sich oder einem andern verschafft, oder aufbewahrt oder gebraucht.

Unerlaubte Herstellung und Haltung von Betäubungsmitteln und Giften.

§ 197.

1. Wer ohne Erlaubnis Betäubungsmittel oder Gifte herstellt, einführt, ausführt, einem anderen verschafft, oder aufbewahrt, wird mit Freiheitsentziehung bis zu 3 Jahren und Geldstrafe bestraft.

2. Mit Freiheitsentziehung von einem Jahr bis zu fünf Jahren und Geldstrafe wird der Täter bestraft,

a) wenn er die im Absatz 1 angeführte Tat in bedeutendem Umfang oder erwerbsmäßig begeht, oder

b) wenn eine solche Tat den Tod eines Menschen oder einen schweren Nachteil an der Gesundheit vieler Menschen zur Folge hat.

§ 198.

Wer einen Gegenstand, der zur unbefugten Herstellung von Betäubungsmitteln oder Giften bestimmt ist, herstellt, sich oder einem anderen verschafft, oder aufbewahrt, wird mit Freiheitsentziehung bis zu 2 Jahren bestraft.

Verbreitung ansteckender Krankheiten.

§ 199.

1. Wer vorsätzlich die Gefahr der Einschleppung oder Verbreitung einer ansteckenden menschlichen Krankheit herbeiführt oder erhöht, wird mit Freiheitsentziehung bis zu 3 Jahren bestraft.

2. Mit Freiheitsentziehung von einem bis zu fünf Jahren wird der Täter bestraft, wenn die im Absatz 1 angeführte Tat den Tod eines Menschen oder einen schweren Nachteil an der Gesundheit vieler Menschen zur Folge hat.

§ 200.

Wer fahrlässig die Gefahr der Einschleppung oder Verbreitung einer ansteckenden menschlichen Krankheit herbeiführt oder erhöht, wird mit Freiheitsentziehung bis zu 6 Monaten bestraft.

§ 201.

1. Wer vorsätzlich die Gefahr der Einschleppung oder Verbreitung einer ansteckenden Krankheit unter Haustieren oder unter anderen wirtschaftlich wichtigen Tieren herbeiführt oder erhöht, wird mit Freiheitsentziehung bis zu einem Jahr bestraft.

2. Mit Freiheitsentziehung von 3 Monaten bis zu 3 Jahren wird der Täter bestraft, wenn die im Absatz 1 angeführte Tat die Verbreitung einer solchen Krankheit zur Folge hat.

§ 202.

1. Wer vorsätzlich die Gefahr der Einschleppung oder Verbreitung einer ansteckenden Krankheit oder eines Schädlings nützlicher Pflanzen herbeiführt oder erhöht, wird mit Freiheitsentziehung bis zu einem Jahre bestraft.

2. Mit Freiheitsentziehung von 3 Monaten bis zu 2 Jahren wird der Täter bestraft, wenn die im Absatz 1 angeführte Tat die Verbreitung einer solchen Krankheit oder eines solchen Schädlings zur Folge hat.

Gefährdung der Gesundheit durch nicht einwandfreie Lebensmittel oder andere Bedarfsartikel.

§ 203.

1. Wer vorsätzlich Lebensmittel oder andere Gegenstände, deren Genuß oder deren Gebrauch zu gewöhnlichen Zwecken gefährlich für Menschenleben ist, feilhält oder für den Verkauf herstellt, oder sich oder einem anderen verschafft, wird mit Freiheitsentziehung bis zu 2 Jahren und Geldstrafe bestraft.

2. Mit Freiheitsentziehung von einem Jahr bis zu fünf Jahren und Geldstrafe wird der Täter bestraft, wenn eine im Absatz 1 angeführte Tat den Tod eines Menschen oder einen schweren Nachteil für die Gesundheit vieler Menschen zur Folge hat.

§ 204.

Wer fahrlässig Lebensmittel oder andere Gegenstände, deren Genuß oder deren Gebrauch zu gewöhnlichen Zwecken gefährlich für Menschenleben ist, feilhält oder für den Verkauf herstellt oder sich oder einem andern verschafft, wird mit Freiheitsentziehung bis zu 6 Monaten bestraft.

§ 205.

Gemeinsame Bestimmungen.

Durch Verordnung des Justizministers wird bestimmt werden*), was als Betäubungsmittel und als Gift im Sinne der §§ 197 und 198 anzusehen ist, welche Krankheiten als ansteckend im Sinne der §§ 199 bis 202 anzusehen sind und auf welche Schädlinge sich die Bestimmung des § 202 bezieht.

FÜNFTES HAUPTSTÜCK.

STRAFTATEN GEGEN FAMILIE UND JUGEND.

§ 206.

Doppelehe.

Wer während der Dauer seiner Ehe eine andere Ehe schließt oder wer mit einer schon verheirateten Person die Ehe schließt, wird mit Freiheitsentziehung bis zu 2 Jahren bestraft.

*) s. Verordnung vom 31. 7. 1950, Sb. Nr. 118.

§ 207.

Verletzung des Gesetzes über das Familienrecht*).

Wer bei Ausübung seiner seelsorgerischen Tätigkeit oder einer ähnlichen religiösen Funktion auch nur fahrlässig die Bestimmungen des Gesetzes über das Familienrecht verletzt, insbesondere dadurch, daß er religiöse Trauungsfeierlichkeiten mit Personen vornimmt, die nicht miteinander die Ehe geschlossen haben, wird mit Freiheitsentziehung bis zu einem Jahre bestraft.

§ 208.

Veränderung des Personenstands.

Wer ein Kind unterschiebt oder auf andere Weise die Familienzugehörigkeit eines andern verändert oder unterdrückt, wird mit Freiheitsentziehung bis zu 2 Jahren bestraft.

§ 209.

Weglegung eines Kindes.

1. Wer ein hilfloses Kind weglegt, wird mit Freiheitsentziehung von einem Jahr bis zu fünf Jahren bestraft.

2. Mit Freiheitsentziehung von 2 bis 10 Jahren wird der Täter bestraft, wenn die im Absatz 1 angeführte Tat einen schweren Nachteil an der Gesundheit oder den Tod zur Foge hat.

Vernachlässigung der Unterhaltspflicht.

§ 210.

1. Wer auch nur fahrlässig seine gesetzliche Pflicht, einen andern zu erhalten oder zu versorgen, nicht erfüllt, wird mit Freiheitsentziehung bis zu einem Jahr bestraft.

2. Wer sich der Erfüllung einer gesetzlichen Pflicht, einen andern zu erhalten oder zu versorgen, entzieht, wird mit Freiheitsentziehung bis zu 2 Jahren bestraft.

3. Mit Freiheitsentziehung von 3 Monaten bis zu 3 Jahren wird der Täter bestraft, wenn die unterhaltsberechtigte Person infolge der im Absatz 1 oder 2 angeführten Tat der Not oder einer andern Gefahr ausgesetzt ist.

§ 211.

Wegen Vernachlässigung der Unterhaltspflicht nach § 210 ist der Täter nicht strafbar, wenn eine solche Tat nicht dauernd ungünstige Folgen hat und der Täter seine Pflicht nachträglich erfüllt, bevor das Gericht der ersten Instanz das Urteil zu verkünden beginnt.

*) § 7 des Gesetzes Nr. 265 v. 7. 12. 1949 über das Familienrecht (Slg. S. 745) lautet:

„Religiöse Trauungsfeierlichkeiten sind gestattet; sie dürfen aber erst nach der entsprechend diesem Gesetze erfolgten Eheschließung stattfinden".

§ 212.

Quälen einer anvertrauten Person.

Wer eine Person, die in seiner Fürsorge oder Erziehung steht, quält, wird mit Freiheitsentziehung von 6 Monaten bis zu 3 Jahren bestraft.

§ 213.

Abgabe alkoholischer Getränke an minderjährige Personen.

Wer einer Person, die jünger als 18 Jahre ist, für ihren eigenen Bedarf alkoholische Getränke in solchem Ausmaß abgibt, daß hierdurch ihre Gesundheit gefährdet werden kann, oder

wer dies nicht verhindert, obwohl er hierzu verpflichtet ist,

wird mit Freiheitsentziehung bis zu einem Jahre bestraft.

§ 214.

Entführung.

1. Wer eine Person, die jünger als 15 Jahre ist, oder eine Person, die von einer Geistesstörung betroffen oder geistig unzureichend entwickelt ist, aus der Gewalt dessen, der verpflichtet ist, für sie zu sorgen, wegnimmt, wird mit Freiheitsentziehung bis zu einem Jahre bestraft.

2. Mit Freiheitsentziehung von einem bis zu fünf Jahren wird der Täter bestraft,

a) wenn er die im Absatz 1 angeführte Tat mit dem Vorsatz, sich oder einem andern einen Vermögensvorteil zu verschaffen, begeht,

b) wenn durch eine solche Tat die sittliche Entwicklung der entführten Person gefährdet wird, oder

c) wenn ein anderer besonders erschwerender Umstand vorliegt.

§ 215.

Gefährdung der sittlichen Erziehung der Jugend.

Wer auch nur fahrlässig eine Person, die jünger als 18 Jahre ist, der Gefahr der Verwahrlosung aussetzt, indem er seine Pflicht, für sie zu sorgen, nicht erfüllt,

wer einer solchen Person vorsätzlich es ermöglicht, einen müßigen oder unsittlichen Lebenswandel zu führen, oder

wer eine solche Person zu müßigem oder unsittlichem Lebenswandel verführt,

wird mit Freiheitsentziehung bis zu 2 Jahren bestraft.

SECHSTES HAUPTSTÜCK.

STRAFTATEN GEGEN LEBEN UND GESUNDHEIT.

§ 216.

Mord.

1. Wer einen andern vorsätzlich tötet, wird mit Freiheitsentziehung von 15 bis 25 Jahren bestraft.

2. Mit lebenslanger Freiheitsentziehung oder mit dem Tode wird der Täter bestraft,

a) wenn er die im Absatz 1 angeführte Tat an einigen Personen oder wiederholt begeht,

b) wenn er eine solche Tat bei einem Raub oder auf eine besonders rohe Weise begeht, oder

c) wenn ein anderer besonders erschwerender Umstand vorliegt.

§ 217.

Ermordung eines neugeborenen Kindes durch die Mutter.

Eine Mutter, die in der durch die Geburt verursachten Erregung vorsätzlich ihr neugeborenes Kind bei der Geburt oder gleich danach tötet, wird mit Freiheitsentziehung von 5 bis 10 Jahren bestraft.

§ 218.

Tötung einer menschlichen Leibesfrucht.

1. Ein schwangeres Weib, das vorsätzlich ihre Leibesfrucht tötet oder einen anderen um Tötung ihrer Leibesfrucht ersucht oder ihm das gestattet, wird mit Freiheitsentziehung bis zu einem Jahr bestraft.

2. Wer mit Zustimmung eines schwangeren Weibes vorsätzlich deren Leibesfrucht tötet, oder

wer ein schwangeres Weib zu einer im Absatz 1 angeführten Tat verleitet oder ihr zu einer solchen Tat Beihilfe leistet,

wird mit Freiheitsentziehung von einem bis zu fünf Jahren bestraft.

3. Mit Freiheitsentziehung von 3 bis 10 Jahren wird der Täter bestraft,

a) wenn er die im Absatz 2 angeführte Tat erwerbsmäßig begeht, oder

b) wenn eine solche Tat einen schweren Nachteil an der Gesundheit des schwangeren Weibes oder ihren Tod zur Folge hat.

4. Nicht strafbar ist die Tötung der menschlichen Leibesfrucht durch einen Arzt in einer Heilanstalt mit Zustimmung des schwangeren Weibes, wenn durch einen anderen Arzt, und zwar einen

Amtsarzt, bestätigt wird, daß die Austragung der Leibesfrucht oder die Geburt ernstlich das Leben des schwangeren Weibes gefährdet oder ihr eine schwere und dauernde Gesundheitsstörung verursacht haben würde oder daß einer der Elternteile an einer schweren Erbkrankheit leidet; die Zustimmung des schwangeren Weibes kann durch die Zustimmung seines gesetzlichen Vertreters nur dann ersetzt werden, wenn es geschäftsunfähig ist oder wenn es unfähig ist, sich selbst zu äußern.

Beschädigung an der Gesundheit.

§ 219.

1. Wer einen andern vorsätzlich an der Gesundheit beschädigt, wird mit Freiheitsentziehung bis zu 6 Monaten bestraft.

2. Mit Freiheitsentziehung von 6 Monaten bis zu 3 Jahren wird der Täter bestraft,

a) wenn er die im Absatz 1 angeführte Tat gegen einen Zeugen, Sachverständigen oder Dolmetscher wegen der Ausübung ihrer Pflichten begeht,

b) wenn er eine solche Tat gegen jemanden wegen seiner Nationalität, Rasse oder Religion oder weil der Beschädigte ohne Bekenntnis oder weil er Anhänger der volksdemokratischen Ordnung ist, begeht, oder

c) wenn ein anderer besonders erschwerender Umstand vorliegt.

3. Mit Freiheitsentziehung von einem Jahr bis zu fünf Jahren wird der Täter bestraft, wenn die im Absatz 1 angeführte Tat einen schweren Nachteil an der Gesundheit zur Folge hat.

4. Mit Freiheitsentziehung von 3 bis 10 Jahren wird der Täter bestraft, wenn die im Absatz 1 angeführte Tat den Tod zur Folge hat.

§ 220.

1. Wer einem andern vorsätzlich einen schweren Nachteil an der Gesundheit zufügt, wird mit Freiheitsentziehung von 3 bis 10 Jahren bestraft.

2. Mit Freiheitsentziehung von 5 bis 15 Jahren wird der Täter bestraft, wenn die im Absatz 1 angeführte Tat den Tod zur Folge hat.

Fahrlässige Beschädigung an der Gesundheit.

§ 221.

1. Wer einen andern fahrlässig an der Gesundheit beschädigt, wird mit Freiheitsentziehung bis zu 3 Monaten bestraft.

2. Mit Freiheitsentziehung bis zu einem Jahre wird der Täter bestraft, wenn er durch die im Absatz 1 angeführte Tat eine wichtige Pflicht verletzt, die sich aus seinem Berufe ergibt oder ihm nach dem Gesetze auferlegt ist.

§ 222.

1. Wer durch Fahrlässigkeit einem andern einen schweren Nachteil an der Gesundheit zufügt oder ihn tötet, wird mit Freiheitsentziehung von 3 Monaten bis zu 2 Jahren bestraft.

2. Mit Freiheitsentziehung von einem bis zu 5 Jahren wird der Täter bestraft, wenn er durch eine im Absatz 1 angeführte Tat eine wichtige Pflicht verletzt, die sich aus seinem Berufe ergibt oder ihm nach dem Gesetze auferlegt ist.

§ 223.

Schlägerei.

1. Wer vorsätzlich das Leben oder die Gesundheit eines andern dadurch gefährdet, daß er an einer Schlägerei teilnimmt, wird mit Freiheitsentziehung bis zu 6 Monaten bestraft.

2. Mit Freiheitsentziehung von 6 Monaten bis zu 5 Jahren wird der Täter bestraft, wenn die im Absatz 1 angeführte Tat bei einem andern einen schweren Nachteil an der Gesundheit oder den Tod zur Folge hat.

Gefährdung durch Geschlechtskrankheit.

§ 224.

Wer einen andern vorsätzlich der Gefahr geschlechtlicher Ansteckung aussetzt, wird mit Freiheitsentziehung von 3 Monaten bis zu 3 Jahren bestraft.

§ 225.

Wer einen andern fahrlässig der Gefahr geschlechtlicher Ansteckung aussetzt, wird mit Freiheitsentziehung bis zu 6 Monaten bestraft.

§ 226.

Teilnahme am Selbstmord.

1. Wer einen andern zum Selbstmord verleitet oder einem andern zum Selbstmord Hilfe leistet, wird, wenn es wenigstens zum Versuch des Selbstmordes kam, mit Freiheitsentziehung von 6 Monaten bis zu 3 Jahren bestraft.

2. Mit Freiheitsentziehung von 2 bis 10 Jahren wird der Täter bestraft,

a) wenn er die im Absatz 1 angeführte Tat an einer Person begeht, die jünger als 18 Jahre ist oder an einer Person, die durch eine Geistesstörung betroffen oder geistig ungenügend entwickelt ist, oder

b) wenn ein anderer besonders erschwerender Umstand vorliegt.

Unterlassene Hilfeleistung.

§ 227.

1. Wer es vorsätzlich unterläßt, einer Person, die sich in Todesgefahr befindet, die nötige Hilfe zu leisten, obwohl er sie ohne

Gefahr für sich oder für einen andern leisten könnte, wird mit Freiheitsentziehung bis zu 6 Monaten bestraft.

2. Mit Freiheitsentziehung bis zu einem Jahr wird der Täter bestraft, wenn er die im Absatz 1 angeführte Tat begeht, obwohl er nach Art seines Berufs zur Hilfeleistung verpflichtet ist.

§ 228.

Der Lenker eines Verkehrsmittels, der nach einem Verkehrsunfall, an dem er beteiligt war, es vorsätzlich unterläßt, der Person, die bei dem Unfall einen Nachteil an ihrer Gesundheit erlitten hat, die nötige Hilfe zu leisten, obwohl er das ohne Gefahr für sich oder für andere tun kann, wird mit Freiheitsentziehung von 3 Monaten bis zu 2 Jahren bestraft.

SIEBENTES HAUPTSTÜCK.

STRAFTATEN WIDER FREIHEIT UND MENSCHENWÜRDE.

Erster Abschnitt.

Straftaten wider die Freiheit.

§ 229.

Einschränkung der persönlichen Freiheit.

1. Wer einen andern unbefugt an dem Gebrauch seiner persönlichen Freiheit hindert, wird mit Freiheitsentziehung bis zu 2 Jahren bestraft.

2. Mit Freiheitsentziehung von 6 Monaten bis zu 3 Jahren wird der Täter bestraft,
a) wenn er die im Absatz 1 angeführte Tat mit dem Vorsatz begeht, die Ausführung einer anderen Straftat zu erleichtern,
b) wenn er bewaffnet eine solche Tat begeht, oder
c) wenn ein anderer besonders erschwerender Umstand vorliegt.

3. Mit Freiheitsentziehung von 2 bis 10 Jahren wird der Täter bestraft, wenn die im Absatz 1 angeführte Tat einen schweren Nachteil an der Gesundheit oder den Tod zur Folge hat.

§ 230.

Beraubung der persönlichen Freiheit.

1. Wer einen andern der persönlichen Freiheit beraubt, wird mit Freiheitsentziehung von 5 bis 10 Jahren bestraft.

2. Mit Freiheitsentziehung von 10 bis 20 Jahren wird der Täter bestraft,
a) wenn die im Absatz 1 angeführte Tat einen schweren Nachteil an der Gesundheit oder den Tod zur Folge haben kann oder hat, oder
b) wenn ein anderer besonders erschwerender Umstand vorliegt.

§ 231.

Verschleppung ins Ausland.

1. Wer einen andern ins Ausland verschleppt, wird mit Freiheitsentziehung von 5 bis 10 Jahren bestraft.

2. Mit Freiheitsentziehung von 10 bis 20 Jahren wird der Täter bestraft,

a) wenn die im Absatz 1 angeführte Tat einen schweren Nachteil an der Gesundheit oder den Tod zur Folge haben kann oder hat, oder

b) wenn ein anderer besonders erschwerender Umstand vorliegt.

§ 232.

Raub.

1. Wer in dem Vorsatz, sich einer fremden Sache zu bemächtigen, gegen einen andern Gewalt anwendet oder ihm mit unmittelbarer Gewalttätigkeit droht, wird mit Freiheitsentziehung von 2 bis 10 Jahren bestraft.

2. Mit Freiheitsentziehung von 10 bis 20 Jahren wird der Täter bestraft,

a) wenn er die im Absatz 1 angeführte Tat als Mitglied einer Verbindung begeht,

b) wenn eine solche Tat einen schweren Nachteil an der Gesundheit zur Folge hat, oder

c) ein anderer besonders erschwerender Umstand vorliegt.

3. Mit lebenslanger Freiheitsentziehung wird der Täter bestraft, wenn die im Absatz 1 angeführte Tat den Tod zur Folge hat.

§ 233.

Erpressung.

1. Wer einen andern mit Gewalt, durch Drohung mit Gewalttätigkeit oder Drohung mit einem andern schweren Nachteil, zwingt, etwas zu tun, zu unterlassen oder zu erdulden, wird mit Freiheitsentziehung bis zu 2 Jahren bestraft.

2. Mit Freiheitsentziehung von einem Jahr bis zu fünf Jahren wird der Täter bestraft,

a) wenn er die im Absatz 1 angeführte Tat mit einer Waffe begeht, oder

b) wenn ein anderer besonders erschwerender Umstand vorliegt.

§ 234.

Einschränkung der Freiheit des Bekenntnisses.

Wer mit Gewalt, durch Drohung mit Gewalttätigkeit oder Drohung mit einem andern schweren Nachteil

a) einen andern zur Teilnahme an einer religiösen Handlung zwingt,

b) einen andern unbefugt von einer solchen Teilnahme abhält, oder

c) einen andern sonstwie im Gebrauch der Freiheit des Bekenntnisses hindert,

wird mit Freiheitsentziehung von einem bis zu fünf Jahren bestraft.

§ 235.
Nötigung.

Wer unter Mißbrauch der Notlage oder Abhängigkeit eines andern diesen zwingt, etwas zu tun, zu unterlassen oder zu erdulden, wird mit Freiheitsentziehung bis zu 6 Monaten bestraft.

§ 236.
Verletzung der Freiheit des Hauses.

1. Wer unter Anwendung von Gewalt oder unter Drohung mit unmittelbarer Gewalttätigkeit in das Haus oder die Wohnung eines andern eindringt,

wer unbefugt dort eindringt mit dem Vorsatz, dort Gewalt auszuüben, oder

wer unbefugt dort verweilt mit dem Vorsatz, dort Gewalt auszuüben,

wird mit Freiheitsentziehung bis zu 2 Jahren bestraft.

2. Mit Freiheitsentziehung von einem bis zu 5 Jahren wird der Täter bestraft,

a) wenn er die im Absatz 1 angeführte Tat mit einer Waffe begeht,
b) wenn er eine solche Tat gemeinsam mit einem anderen begeht, oder
c) wenn ein anderer besonders erschwerender Umstand vorliegt.

§ 237.
Verletzung des Briefgeheimnisses und des Geheimnisses beförderter Nachrichten.

1. Wer vorsätzlich das Geheimnis

a) geschlossener Briefe oder anderer Schriftstücke, die mit der Post oder einem anderen Verkehrsmittel befördert werden, oder
b) von Nachrichten, die mittels Telefon, Telegraf oder einer anderen Einrichtung weitergegeben werden,

verletzt, wird mit Freiheitsstrafe bis zu 3 Monaten bestraft.

2. Ein Angestellter des Post-, Telegrafen- oder Telefondienstes, der

a) eine im Absatz 1 angeführte Tat begeht,
b) einem andern vorsätzlich die Begehung einer solchen Tat ermöglicht, oder
c) ein durch die Post oder ein anderes Verkehrsmittel befördertes Schriftstück oder eine telegrafisch oder auf ähnliche Art weitergegebene Nachricht verändert oder unterdrückt,

wird mit Freiheitsentziehung bis zu 6 Monaten bestraft.

3. Wer mit dem Vorsatz, einem andern Schaden zuzufügen oder sich selbst oder einem andern einen unberechtigten Schaden zu verschaffen,

a) ein Geheimnis, das er aus einem nicht für ihn bestimmten Schriftstück, Telegramm oder Telefongespräch erfahren hat, verrät, oder
b) ein solches Geheimnis ausnutzt,

wird mit Freiheitsentziehung bis zu einem Jahr bestraft.

Zweiter Abschnitt.
Straftaten gegen die Menschenwürde.

§ 238.

Notzucht.

1. Wer mit Gewalt oder durch Drohung mit unmittelbarer Gewalt ein Weib zum Beischlaf nötigt, oder

wer ihre Wehrlosigkeit zu einem solchen Zweck mißbraucht, wird mit Freiheitsentziehung von 5 bis 10 Jahren bestraft.

2. Mit Freiheitsentziehung von 10 bis 20 Jahren wird der Täter bestraft,

a) wenn eine im Absatz 1 angeführte Tat einen schweren Nachteil an der Gesundheit zur Folge hat, oder
b) wenn ein anderer besonders erschwerender Umstand vorliegt.

3. Mit lebenslanger Freiheitsentziehung wird der Täter bestraft, wenn die im Absatz 1 angeführte Tat den Tod zur Folge hat.

Geschlechtlicher Mißbrauch.

§ 239.

1. Wer mit einer Person, die jünger als 15 Jahre ist, den Beischlaf ausübt, oder

wer eine solche Person auf andere Weise geschlechtlich mißbraucht,
wird mit Freiheitsentziehung von einem bis zu zehn Jahren bestraft.

2. Mit Freiheitsentziehung von 10 bis 20 Jahren wird der Täter bestraft,

a) wenn eine im Absatz 1 angeführte Tat einen schweren Nachteil an der Gesundheit zur Folge hat, oder
b) wenn ein anderer besonders erschwerender Umstand vorliegt.

3. Mit lebenslanger Freiheitsentziehung wird der Täter bestraft, wenn die im Absatz 1 angeführte Tat den Tod zur Folge hat.

§ 240.

Wer eine Person, die jünger als 18 Jahre ist, oder eine seiner Aufsicht anvertraute Person unter Mißbrauch ihrer Abhängigkeit zu außerehelichem Beischlaf veranlaßt, oder

wer eine solche Person unter Mißbrauch ihrer Abhängigkeit auf andere Weise geschlechtlich mißbraucht,
wird mit Freiheitsentziehung von einem Jahr bis zu fünf Jahren bestraft.

§ 241.

Geschlechtsverkehr mit einer Person desselben Geschlechts.

1. Wer mit einer Person desselben Geschlechts geschlechtlich verkehrt, wird mit Freiheitsentziehung bis zu einem Jahr bestraft.

2. Mit Freiheitsentziehung von einem Jahr bis zu fünf Jahren wird der Täter bestraft, wenn er die im Absatz 1 angeführte Tat

a) mit einer Person, die jünger als 18 Jahre ist, oder

b) gegen Bezahlung begeht.

3. Wer sich zum Geschlechtsverkehr mit einer Person desselben Geschlechts gegen Bezahlung anbietet, wird mit Freiheitsentziehung von 6 Monaten bis zu 3 Jahren bestraft.

§ 242.

Beischlaf zwischen Verwandten.

Wer mit Verwandten in gerader Linie oder Geschwistern den Beischlaf ausübt, wird mit Freiheitsentziehung bis zu 2 Jahren bestraft.

§ 243.

Mädchenhandel.

1. Wer ein Weib ins Ausland lockt, anwirbt oder befördert, damit es dort zum Geschlechtsverkehr gebraucht werde, wird mit Freiheitsentziehung von einem Jahr bis zu fünf Jahren bestraft.

2. Mit Freiheitsentziehung von 5 bis 10 Jahren wird der Täter bestraft,

a) wenn er eine im Absatz 1 angeführte Tat begeht in der Absicht, daß das Weib zum Geschlechtsverkehr gegen Bezahlung gebraucht werde,

b) wenn er eine solche Tat an einem Weib, das jünger als 18 Jahre ist, begeht, oder

c) wenn ein anderer besonders erschwerender Umstand vorliegt.

§ 244.

Gefährdung der Sittlichkeit.

1. Wer ein Druckwerk, einen Film, eine Abbildung oder einen anderen Gegenstand, der die Sittlichkeit gefährdet, in Verkehr bringt oder öffentlich zugänglich macht, oder

wer einen solchen Gegenstand zu diesem Zweck herstellt oder verwahrt,

wird mit Freiheitsentziehung bis zu 6 Monaten bestraft.

2. Mit Freiheitsentziehung bis zu einem Jahr wird der Täter bestraft,

a) wenn er eine im Absatz 1 angeführte Tat von bedeutendem Umfang begeht, oder

b) wenn er eine solche Tat erwerbsmäßig begeht.

ACHTES HAUPTSTÜCK.
STRAFTATEN WIDER DAS VERMÖGEN.

Diebstahl und Beschädigung nationalen Eigentums und des Eigentums von Genossenschaften.

§ 245.

1. Wer nationales Eigentum oder Eigentum von Genossenschaften stiehlt, indem er

a) sich einer aus solchem Eigentum stammenden Sache bemächtigt mit dem Vorsatz, über sie wie über eine eigene zu verfügen,

b) über eine aus solchem Eigentum stammende, ihm anvertraute Sache wie über eine eigene verfügt,

c) zum Schaden solchen Eigentums sich auf andere Weise ungerechtfertigt bereichert,

wird mit Freiheitsentziehung bis zu 5 Jahren bestraft.

2. Ebenso wird bestraft, wer an nationalem Eigentum oder am Eigentum einer Genossenschaft vorsätzlich Schaden verursacht, insbesondere dadurch, daß er eine aus solchem Eigentum stammende Sache zerstört, beschädigt oder unbrauchbar macht.

3. Mit Freiheitsentziehung von 5 bis 15 Jahren wird der Täter bestraft,

a) wenn er eine im Absatz 1 angeführte Tat erwerbsmäßig begeht,

b) wenn durch eine im Absatz 1 oder 2 angeführte Tat ein bedeutender Schaden verursacht wurde, oder

c) wenn ein anderer besonders erschwerender Umstand vorliegt.

4. Mit Freiheitsentziehung von 10 bis 20 Jahren wird der Täter bestraft, wenn er durch eine im Absatz 1 oder 2 angeführte Tat, die er unter Mißbrauch seiner Stellung als öffentlicher Funktionär begangen hat, einen bedeutenden Schaden verursacht hat.

§ 246.

Wer an nationalem Eigentum oder dem Eigentum einer Genossenschaft fahrlässig einen nicht unerheblichen Schaden verursacht, wird mit Freiheitsentziehung bis zu einem Jahr bestraft.

§ 247.

Diebstahl.

1. Wer sich einer fremden Sache bemächtigt mit dem Vorsatz, über sie wie über eine eigene zu verfügen, wird mit Freiheitsentziehung bis zu 2 Jahren bestraft.

2. Mit Freiheitsentziehung von einem Jahr bis zu 10 Jahren wird der Täter bestraft,

a) wenn er die im Absatz 1 angeführte Tat erwerbsmäßig begeht,

b) wenn er bewaffnet eine solche Tat begeht,

c) wenn er versucht, unmittelbar nach einer solchen Tat mit Gewalt oder durch Drohung mit unmittelbarer Gewalttätigkeit sich im Besitz der Sache zu erhalten,

d) wenn er eine solche Tat an einer Sache begeht, die er zu bewachen verpflichtet war, oder

e) wenn ein anderer besonders erschwerender Umstand vorliegt.

§ 248.

Veruntreuung.

1. Wer über eine fremde ihm anvertraute Sache wie über eine eigene verfügt, wird mit Freiheitsentziehung bis zu 2 Jahren bestraft.

2. Mit Freiheitsentziehung von einem Jahr bis zu 10 Jahren wird der Täter bestraft,

a) wenn er die im Absatz 1 angeführte Tat als Vormund, Pfleger oder als andere Person, welche die Pflicht hat, die Interessen des Geschädigten zu wahren, begeht, oder

b) wenn ein anderer besonders erschwerender Umstand vorliegt.

§ 249.

Betrug.

1. Wer einen andern vorsätzlich an seinem Vermögen oder seinen Rechten schädigt, indem er

a) ihn oder einen andern in Irrtum führt, oder

b) dessen Irrtum oder den Irrtum eines andern ausnutzt,

wird mit Freiheitsentziehung bis zu 2 Jahren bestraft.

2. Mit Freiheitsentziehung von einem bis zu 10 Jahren wird der Täter bestraft,

a) wenn er eine im Absatz 1 angeführte Tat erwerbsmäßig begeht, oder

b) wenn ein anderer besonders erschwerender Umstand vorliegt.

Teilnehmung*).

§ 250.

1. Wer eine Sache, die durch eine von einer andern Person begangene strafbare Handlung erlangt wurde, oder den Erlös für eine solche Sache vorsätzlich verhehlt oder an sich bringt oder einem andern übergibt, oder

wer eine solche Tätigkeit vermittelt,

wird mit Freiheitsentziehung bis zu einem Jahr bestraft.

2. Mit Freiheitsentziehung von einem Jahr bis zu 10 Jahren wird der Täter bestraft,

a) wenn er die im Absatz 1 angeführte Tat erwerbsmäßig begeht, oder

wenn ein anderer besonders erschwerender Umstand vorliegt.

---

*) s. Einleitung S. 19.

§ 251.

Wer eine Sache, die durch eine von einer andern Person begangene strafbare Handlung erlangt wurde, aus Fahrlässigkeit verhehlt oder an sich bringt oder einem andern übergibt, wird mit Freiheitsentziehung bis zu 6 Monaten bestraft.

§ 252.

Wucher.

1. Wer unter Mißbrauch der Notlage, Unerfahrenheit, Verstandesschwäche oder Erregung eines andern sich oder einem andern eine Leistung, deren Wert zu dem Wert der Gegenleistung in grobem Mißverhältnis steht, gewähren oder versprechen läßt, oder

wer eine solche Forderung geltend macht oder mit dem Vorsatz, sie geltend zu machen, an sich bringt,

wird mit Freiheitsentziehung bis zu einem Jahr und Geldstrafe bestraft.

2. Mit Freiheitsentziehung von einem Jahr bis zu zehn Jahren wird der Täter bestraft,

a) wenn er eine im Absatz 1 angeführte Tat erwerbsmäßig begeht, oder

b) wenn ein anderer besonders erschwerender Umstand vorliegt.

§ 253.

Untreue Verwaltung.

1. Wer einen andern vorsätzlich dadurch schädigt, daß er eine durch das Gesetz ihm auferlegte oder vertraglich übernommene Pflicht, fremdes Vermögen zu betreuen oder zu verwalten, verletzt, wird mit Freiheitsentziehung bis zu einem Jahr bestraft.

2. Mit Freiheitsentziehung von einem Jahr bis zu fünf Jahren wird der Täter bestraft,

a) wenn er eine im Absatz 1 angeführte Tat als Vormund, Pfleger oder als andere Person, welche die besondere Pflicht hat, die Interessen des Geschädigten zu wahren, begeht, oder

b) wenn ein anderer besonders erschwerender Umstand vorliegt.

§ 254.

Verheimlichung.

1. Wer über eine fremde Sache, die durch Fund, Irrtum oder sonstwie ohne Einverständnis der berechtigten Person in seine Macht gelangt ist, wie über eine eigene verfügt, wird mit Freiheitsentziehung bis zu einem Jahr bestraft.

2. Mit Freiheitsentziehung von einem bis zu fünf Jahren wird der Täter bestraft, wenn eine im Absatz 1 angeführte Tat einen bedeutenden Schaden zur Folge hat.

§ 255.

Beschädigung einer fremden Sache.

1. Wer vorsätzlich eine fremde Sache vernichtet, beschädigt oder unbrauchbar macht, wird mit Freiheitsentziehung bis zu einem Jahr bestraft.

2. Mit Freiheitsentziehung von einem Jahr bis zu fünf Jahren wird der Täter bestraft,

a) wenn er eine im Absatz 1 angeführte Tat an einer Sache begeht, die ein öffentlicher Funktionär zur Ausübung seiner Befugnisse verwendet,

b) wenn er eine solche Tat an einer Sache begeht, die ein Zeuge, Sachverständiger oder Dolmetscher zur Ausübung seiner Pflichten verwendet, oder

c) wenn ein anderer besonders erschwerender Umstand vorliegt.

§ 256.

Wilderei.

1. Wer vorsätzlich in ein fremdes Jagd- oder Fischereirecht eingreift, indem er

a) Wild jagt, oder fischt, oder

b) Wild, Fische oder eine andere Sache, auf die sich diese Rechte beziehen, vernichtet, beschädigt, oder mit ihnen wie mit eigenen Sachen umgeht,

wird mit Freiheitsentziehung bis zu einem Jahr bestraft.

2. Mit Freiheitsentziehung von 3 Monaten bis zu 3 Jahren wird der Täter bestraft,

a) wenn er eine im Absatz 1 angeführte Tat erwerbsmäßig begeht,

b) wenn er eine solche Tat an Wild im Gehege oder zur Schonzeit begeht,

c) wenn eine solche Tat einen bedeutenden Schaden zur Folge hat, oder

d) wenn ein anderer besonders erschwerender Umstand vorliegt.

3. Mit Freiheitsentziehung von einem Jahr bis zu fünf Jahren wird der Täter bestraft, wenn er versucht, unmittelbar nach einer im Absatz 1 angeführten Tat mit Gewalt oder durch Drohung mit unmittelbarer Gewalttätigkeit sich im Besitz der Sache zu erhalten.

§ 257.

Schädigung eines Gläubigers.

1. Wer vorsätzlich auch nur eine teilweise Befriedigung seiner Gläubiger vereitelt, indem er

a) einen Bestandteil seines Vermögens vernichtet, beschädigt, verheimlicht, veräußert oder beiseite schafft,

b) ein nicht bestehendes Recht oder eine nicht bestehende Verpflichtung vorschützt oder anerkennt, oder

c) sonstwie sein Vermögen verringert.

2. Ebenso wird bestraft, wer vorsätzlich auch nur eine teilweise Befriedigung der Gläubiger eines andern vereitelt, indem er

a) einen Bestandteil des Vermögens des Schuldners vernichtet, beschädigt, verheimlicht, veräußert oder beiseite schafft,
b) ein nicht bestehendes Recht oder eine nicht bestehende Forderung gegen das Vermögen des Schuldners geltend macht, oder
c) sonstwie das Vermögen des Schuldners verringert.

3. Mit Freiheitsentziehung von 3 Monaten bis zu 3 Jahren wird der Täter bestraft, wenn die im Absatz 1 oder 2 angeführte Tat einen bedeutenden Schaden zur Folge hat.

§ 258.

Unlauterer Wettbewerb.

Wer durch eine Handlung, die in Widerspruch mit den Vorschriften zur Regelung des Wettbewerbs im wirtschaftlichen Verkehr oder mit den Gepflogenheiten des Wettbewerbs steht, vorsätzlich den wirtschaftlichen Betrieb oder die Entwicklung eines Unternehmens ernstlich gefährdet, wird mit Freiheitsentziehung bis zu einem Jahr bestraft.

§ 259.

Verletzung des Marken- und Musterschutzrechtes.

1 Wer vorsätzlich Ware, die unberechtigt mit einer Schutzmarke, an der das Ausschlußrecht einem andern zusteht, oder mit leicht damit verwechslungsfähigen Marken oder Zeichen bezeichnet ist, in den Handel bringt oder feilbietet, wird mit Freiheitsentziehung bis zu einem Jahr bestraft.

2. Ebenso wird bestraft, wer Ware nach einem geschützten Muster, in bezug auf dessen Gebrauch einem andern das Ausschlußrecht zusteht, oder nach einem leicht damit verwechslungsfähigen Muster vorsätzlich in den Handel bringt, feilbietet, oder zum Zwecke der Erreichung eines wirtschaftlichen Vorteils herstellt.

§ 260.

Verletzung des Patentrechts.

Wer vorsätzlich in das Recht des Inhabers einer Erfindung in einer Weise eingreift, die nur dem Inhaber der Erfindung zusteht, wird mit Freiheitsentziehung bis zu 6 Monaten bestraft.

§ 261.

Verletzung des Urheberrechts.

Wer über ein Werk, das Gegenstand des Urheberrechts ist, unberechtigt vorsätzlich in einer Weise verfügt, die nur dem Urheber zusteht, wird mit Freiheitsentziehung bis zu 6 Monaten bestraft.

NEUNTES HAUPTSTÜCK.

STRAFTATEN WIDER DIE WEHRKRAFT.

§ 262.

Beeinträchtigung der Diensttauglichkeit.

1. Wer sich oder einen andern vorsätzlich für dauernd oder Zeit untauglich oder minder tauglich zur Erfüllung der Wehrpflicht oder anderer Aufgaben der Verteidigung des Vaterlandes macht, wird mit Freiheitsentziehung von einem bis zu fünf Jahren bestraft.

2. Mit Freiheitsentziehung von 5 bis 10 Jahren wird der Täter bestraft, der eine im Absatz 1 angeführte Tat in einer Zeit erhöhter Gefährdung des Vaterlandes begeht.

3. Bedingte Verurteilung ist ausgeschlossen.

§ 263.

Nichterfüllung der Stellungspflicht.

1. Wer mit dem Vorsatze, seiner Stellungspflicht nicht nachzukommen oder die Erfüllung dieser Pflicht hinauszuschieben, zur Stellung, Überprüfung oder Kranken- oder Auswahluntersuchung nicht erscheint, wird mit Freiheitsentziehung bis zu einem Jahr bestraft.

2. Mit Freiheitsentziehung von 6 Monaten bis zu 3 Jahren wird der Täter bestraft, wenn er eine im Absatz 1 angeführte Tat in einer Zeit erhöhter Gefährdung des Vaterlandes begeht.

§ 264.

Umgehung der Wehrpflicht.

1. Wer arglistig handelt mit dem Vorsatz, sich Erleichterungen in der Erfüllung seiner Wehrpflicht zu verschaffen, wird mit Freiheitsentziehung bis zu einem Jahr bestraft.

2. Wer arglistig handelt mit dem Vorsatz,
a) der Erfüllung seiner Wehrpflicht ganz oder teilweise zu entgehen, oder
b) einen andern ganz oder teilweise der Erfüllung der Wehrpflicht zu entziehen,

wird mit Freiheitsentziehung von 6 Monaten bis zu 2 Jahren bestraft.

3. Mit Freiheitsentziehung von einem bis zu fünf Jahren wird der Täter bestraft, wenn er eine im Absatz 1 oder 2 angeführte Tat in einer Zeit erhöhter Gefährdung des Vaterlandes begeht.

Nichtantritt des Dienstes in der Wehrmacht.

§ 265.

1. Wer mit dem Vorsatz, sich dauernd der Ableistung des Militärdienstes oder eines besonderen Dienstes zu entziehen, binnen

24 Stunden nach Ablauf der im Einberufungsbefehl festgesetzten Frist den Dienst in der Wehrmacht nicht antritt, wird mit Freiheitsentziehung von einem bis zu fünf Jahren bestraft.

2. Mit Freiheitsentziehung von 2 bis 10 Jahren wird der Täter bestraft,

a) wenn er die im Absatz 1 angeführte Tat in einer Zeit erhöhter Gefährdung des Vaterlandes begeht, oder

b) wenn ein anderer besonders erschwerender Umstand vorliegt.

3. Bedingte Verurteilung ist ausgeschlossen.

§ 266.

1. Wer auch nur aus Fahrlässigkeit den Dienst in der Wehrmacht binnen 24 Stunden nach Ablauf der im Einberufungsbefehl festgesetzten Frist nicht antritt, wird mit Freiheitsentziehung von 3 Monaten bis zu 2 Jahren bestraft.

2. Mit Freiheitsentziehung von 6 Monaten bis zu 3 Jahren wird der Täter bestraft, der die im Absatz 1 angeführte Tat in einer Zeit erhöhter Gefährdung des Vaterlandes begeht.

§ 267.

Wer nach Verkündung der Mobilmachung auch nur aus Fahrlässigkeit

a) nicht unverzüglich aus dem Ausland zum Antritt des Militärdienstes sich einfindet, oder

b) der nach den Bestimmungen des Wehrgesetzes erfolgten Aufforderung zum Eintritt in die Militärdienste eines verbündeten Staates nicht Folge leistet,

wird mit Freiheitsentziehung von 6 Monaten bis zu 3 Jahren bestraft.

§ 268.

Verletzung persönlicher und sachlicher Pflichten.

1. Wer vorsätzlich

a) eine persönliche oder sachliche Pflicht zur Verteidigung des Vaterlandes nicht erfüllt,

b) der Erfüllung einer solchen Pflicht ausweicht, oder

c) die Erfüllung einer solchen Pflicht durch eine andere Person vereitelt oder erschwert,

wird mit Freiheitsentziehung von 3 Monaten bis zu 3 Jahren bestraft.

2. Mit Freiheitsentziehung von 2 bis 10 Jahren wird der Täter bestraft,

a) wenn er eine im Absatz 1 angeführte Tat als Mitglied einer Verbindung begeht,

b) wenn durch eine solche Tat in bedeutendem Maße die Interessen der Verteidigung des Vaterlandes gefährdet werden, oder

c) wenn ein anderer besonders erschwerender Umstand vorliegt.

Bedingte Verurteilung ist ausgeschlossen.

ZEHNTES HAUPTSTÜCK.

MILITÄRSTRAFTATEN.

§ 269.

Einführungsbestimmungen.

1. Militärstraftaten sind strafbare Handlungen, durch welche die militärische Disziplin oder vorgeschriebene Ausübung des Militärdienstes verletzt werden.

2. Unmittelbarer Täter oder Mittäter von Militärstraftaten kann nur sein:

a) eine Militärperson im aktiven Dienste,

b) eine Person, die durch Berufung zu einem Sonderdienst Angehöriger der Wehrmacht geworden ist,

c) ein Angehöriger einer militärisch organisierten oder anderen Formation, deren Angehörige nach besonderen Gesetzen den Bestimmungen über Militärstraftaten unterliegen, im aktiven Dienst,

d) eine Militärperson und ein Angehöriger einer unter Buchst. c) angeführten Formation, außer aktivem Dienst, wenn sie in Dienstuniform sind, oder

e) ein Kriegsgefangener.

3. Die Bestimmungen dieses Hauptstücks beziehen sich auf einen Anstifter und Gehilfen auch dann, wenn dieser keine im Absatz 2 angeführte Person ist.

4. Wo dieses Hauptstück von Militärpersonen, Militärdienst, militärischer Disziplin und militärischen Pflichten handelt, werden darunter die im Absatz 2 angeführten Personen, ihr Dienst, ihre Disziplin und ihre Pflichten verstanden.

Erster Abschnitt.

Strafbare Handlungen wider die Pflicht zur Ausübung des Militärdienstes.

Drücken von der Dienstpflicht.

§ 270.

1. Wer sich vorsätzlich der Erfüllung der Dienstpflicht oder einer Dienstleistung entzieht, indem er

a) sich an der Gesundheit beschädigt, sich betrinkt oder sich sonst dienstuntauglich macht, oder

b) eine Urkunde fälscht, eine Krankheit vorschützt, sich eines anderen Schlichs bedient oder sich auf eine religiöse oder andere Überzeugung beruft,

wird mit Freiheitsentziehung von 6 Monaten bis zu 5 Jahren bestraft.

2. Mit Freiheitsentziehung von 3 bis 10 Jahren wird der Täter bestraft,

a) wenn er eine im Absatz 1 angeführte Tat mit dem Vorsatz begeht, sich der Erfüllung einer besonders wichtigen Dienstpflicht oder einer besonders wichtigen Dienstübung zu entziehen, oder

b) wenn ein anderer besonders erschwerender Umstand vorliegt.

3. Mit dem Tode wird der Täter bestraft, wenn er eine im Absatz 1 angeführte Tat während eines Krieges oder während einer Kampfhandlung begeht.

§ 271.

1. Wer durch Betrinken fahrlässig sich außerstande setzt, den Dienst anzutreten oder auszuüben, wird mit Freiheitsentziehung bis zu 6 Monaten bestraft.

2. Mit Freiheitsentziehung von 6 Monaten bis zu 2 Jahren wird der Täter bestraft,

a) wenn die im Absatz 1 angeführte Tat besonders schwere Folgen hat, oder

b) wenn ein anderer besonders erschwerender Umstand vorliegt.

3. Mit Freiheitsentziehung von 2 bis 10 Jahren wird der Täter bestraft, wenn er die im Absatz 1 angeführte Tat während einer Kampfhandlung begeht.

4. Mit dem Tode wird der Täter bestraft, wenn er die im Absatz 1 angeführte Tat während einer Kampfhandlung als Befehlshaber begeht und die Tat besonders schwere Folgen hat.

§ 272.

Eigenmächtige Entfernung.

1. Wer sich eigenmächtig auf die Dauer von mehr als 24 Stunden entfernt (§ 306), wird mit Freiheitsentziehung bis zu 6 Monaten bestraft.

2. Wer sich eigenmächtig

a) nach vorgefaßtem Plan,

b) auf länger als 6 Tage, oder

c) auf die Dauer von mehr als 2 Tagen in einer Zeit erhöhter Ausübung von Dienstaufgaben, insbesondere bei einer Schlußübung, Sammlung, militärischen Hilfeleistung oder bei ähnlichen Gelegenheiten

entfernt, wird mit Freiheitsentziehung bis zu einem Jahr bestraft.

3. Mit Freiheitsentziehung von einem bis zu 5 Jahren wird der Täter bestraft, wenn er eine im Absatz 1 angeführte Tat während eines Krieges begeht.

Fahnenflucht.

§ 273.

1. Wer sich eigenmächtig entfernt (§ 306)

a) mit dem Vorsatz, sich dauernd dem Militärdienst zu entziehen,

b) auf die Dauer von mehr als 14 Tagen, oder
c) auf die Dauer von mehr als 6 Tagen in einer Zeit erhöhter Ausübung von Dienstaufgaben, insbesondere bei einer Schlußübung, Sammlung, militärischen Hilfeleistung oder bei ähnlichen Gelegenheiten,

wird mit Freiheitsentziehung von einem bis zu 5 Jahren bestraft.

2. Mit Freiheitsentziehung von 2 bis 10 Jahren wird der Täter bestraft,
a) wenn er mindestens mit zwei anderen Militärpersonen oder als Berufssoldat desertiert,
b) wenn er desertiert und hierbei eine wichtige Dienstverrichtung unterläßt,
c) wenn er wegen Fahnenflucht schon bestraft wurde, oder
d) wenn ein anderer besonders erschwerender Umstand vorliegt.

3. Mit Freiheitsentziehung von 5 bis 20 Jahren und Vermögensverfall wird der Täter bestraft, wenn er ins Ausland desertiert.

§ 274.

Wer während eines Krieges oder einer Kampfhandlung
a) mit dem Vorsatze, sich dauernd dem Militärdienst zu entziehen, oder
b) auf die Dauer von mehr als 2 Tagen

sich eigenmächtig entfernt (§ 306), wird mit dem Tode und mit Vermögensverfall bestraft.

§ 275.

Verbindung zur Fahnenflucht.

1. Wer sich mit mindestens zwei Militärpersonen zur Fahnenflucht (§§ 273 und 274) verbindet, wird mit Freiheitsentziehung von 3 Monaten bis zu 3 Jahren bestraft.

2. Mit Freiheitsentziehung von 5 bis 20 Jahren wird der Täter bestraft,
a) wenn er die im Absatz 1 angeführte Tat während eines Krieges oder einer Kampfhandlung begeht, oder
b) wenn Zweck einer solchen Tat die Fahnenflucht ins Ausland oder zum Feinde ist.

Zweiter Abschnitt.

Strafbare Handlungen wider die militärische Unterordnung und die Soldatenehre.

§ 276.

Meuterei.

1. Wer an der Tätigkeit einer Gruppe teilnimmt, die sich gegen einen Vorgesetzten, dessen Befehle, dessen Dienstanordnungen oder ihre militärischen Pflichten auflehnt, wird mit Freiheitsentziehung von einem bis zu fünf Jahren bestraft.

2. Mit Freiheitsentziehung von 5 bis 20 Jahren wird der Täter bestraft,

a) wenn bei einer im Absatz 1 angeführten Tat Gewalt angewendet wurde,

b) wenn es zur Unterdrückung einer solchen Tat außerordentlicher Machtmittel bedarf, oder

c) wenn eine solche Tat besonders schwere Folgen haben kann oder hat.

3. Wenn eine im Absatz 1 angeführte Tat während einer Kampfhandlung begangen wird oder wenn bei einer solchen während eines Krieges begangenen Tat einer der im Absatz 2 angeführten Umstände vorliegt, werden diejenigen, die die Tat angezettelt haben, und die Hauptteilnehmer mit dem Tode und die übrigen Täter mit Freiheitsentziehung von 10 bis 25 Jahren bestraft.

§ 277.

Verbindung zur Meuterei.

Wer sich mit einem andern zur Durchführung einer Meuterei (§ 276) oder Aufreizung hierzu verbindet, wird mit Freiheitsentziehung von 6 Monaten bis zu 5 Jahren bestraft.

§ 278.

Nichtbefolgung eines Befehls.

1. Wer es ablehnt, den Befehl eines Vorgesetzten auszuführen, oder auch nur fahrlässig ihn nicht ausführt, wird mit Freiheitsentziehung von 6 Monaten bis zu 5 Jahren bestraft.

2. Wer es ablehnt, einen Befehl von minderer Bedeutung auszuführen, oder auch nur fahrlässig ihn nicht ausführt, wird mit Freiheitsentziehung bis zu 6 Monaten bestraft.

3. Mit Freiheitsentziehung von einem Jahr bis zu zehn Jahren wird der Täter bestraft,

a) wenn er eine im Absatz 1 angeführte Tat als Inhaber einer Befehlsgewalt begeht,

b) wenn er eine solche Tat vor versammelten Militärpersonen begeht,

c) wenn er sich bei einer solchen Tat ungestüm benimmt,

d) wenn eine solche Tat besonders schwere Folgen haben kann oder hat, oder

e) wenn ein anderer besonders erschwerender Umstand vorliegt.

4. Mit dem Tode wird der Täter bestraft, wenn er eine im Absatz 1 angeführte Tat vorsätzlich begeht,

a) während einer Kampfhandlung oder

b) während eines Krieges und wenn einer der im Absatz 3 angeführten Umstände vorliegt.

§ 279.

Widersetzung.

1. Wer einer Militärperson, die ihre Dienstpflicht erfüllt, Widerstand leistet, wird mit Freiheitsentziehung von 6 Monaten bis zu 3 Jahren bestraft.

2. Mit Freiheitsentziehung von einem bis zu zehn Jahren wird der Täter bestraft,

a) wenn er die im Absatz 1 angeführte Tat mit einer Waffe oder mit Gewalt begeht,
b) wenn er eine solche Tat gemeinsam mit mindestens zwei Personen begeht,
c) wenn er durch eine solche Tat denjenigen, dem er Widerstand leistet, an der Gesundheit beschädigt, oder
d) wenn ein anderer besonders erschwerender Umstand vorliegt.

3. Mit dem Tode wird der Täter bestraft,

a) wenn die im Absatz 1 angeführte Tat den Tod zur Folge hat, oder
b) wenn er eine solche Tat während einer Kampfhandlung begeht und einer der im Absatz 2 angeführten Umstände vorliegt.

§ 280.

Nötigung zu einer Dienstpflichtverletzung.

1. Wer eine Militärperson, die ihre Dienstpflicht erfüllt, zur Verletzung dieser Pflicht nötigt, wird mit Freiheitsentziehung von einem bis zu fünf Jahren bestraft.

2. Mit Freiheitsentziehung von 5 bis 10 Jahren wird der Täter bestraft,

a) wenn er die im Absatz 1 angeführte Tat mit einer Waffe oder mit Gewalt begeht,
b) wenn er eine solche Tat gemeinsam mit mindestens 2 Personen begeht,
c) wenn er durch eine solche Tat denjenigen, den er nötigt, an der Gesundheit beschädigt, oder
d) wenn ein anderer besonders erschwerender Umstand vorliegt.

3. Mit dem Tode wird der Täter bestraft,

a) wenn die im Absatz 1 angeführte Tat den Tod zur Folge hat, oder
b) wenn er eine solche Tat während einer Kampfhandlung begeht und einer der im Absatz 2 angeführten Umstände vorliegt.

§ 281.

Verletzung von Vorschriften und Anordnungen.

1. Wer auch nur fahrlässig eine Dienstvorschrift oder dienstliche Anordnung verletzt, obwohl er wegen einer ähnlichen Tat

schon wenigstens zweimal disziplinarisch bestraft wurde, wird mit Freiheitsentziehung bis zu einem Jahr bestraft.

2. Ebenso wird bestraft, wer auch nur fahrlässig eine Dienstvorschrift oder dienstliche Anordnung verletzt, wenn er dadurch die Ordnung gefährdet oder andere schädliche Folgen verursacht.

Beleidigungen unter Militärpersonen*).

§ 282.

1. Wer

a) einen Vorgesetzten oder Diensthöheren,

b) einen Untergebenen oder Dienstniederen, oder

c) eine Militärperson gleichen Ranges zu einer Zeit, da er selbst oder da der Beleidigte Dienst ausübt,

beleidigt, wird mit Freiheitsentziehung bis zu 6 Monaten bestraft.

2. Wer eine Militärperson gleichen Ranges zu einer Zeit, da weder er selbst noch der Beleidigte Dienst ausübt, beleidigt, wird mit Freiheitsentziehung bis zu 3 Monaten bestraft.

§ 283.

1. Wer mit Gewalt oder durch Drohung mit unmittelbarer Gewalt

a) einen Vorgesetzten oder Diensthöheren, oder

b) einen Untergebenen oder Dienstniederen

beleidigt, wird mit Freiheitsentziehung bis zu einem Jahr bestraft.

2. Mit Freiheitsentziehung von einem bis zu 5 Jahren wird der Täter bestraft,

a) wenn er eine im Absatz 1 angeführte Tat zu einer Zeit, da er selbst oder da der Beleidigte im Dienste ist, begeht,

b) wenn er eine solche Tat gegen eine militärische Wache begeht,

c) wenn er eine solche Tat mit einer Waffe oder gemeinsam mit wenigstens zwei Personen begeht,

d) wenn er durch eine solche Tat den Beleidigten an der Gesundheit beschädigt, oder

e) wenn ein anderer besonders erschwerender Umstand vorliegt.

§ 284.

1. Wer mit Gewalt oder durch Drohung mit unmittelbarer Gewalt eine Militärperson gleichen Ranges zu einer Zeit, da er selbst oder der Beleidigte im Dienste ist, beleidigt, wird mit Freiheitsentziehung bis zu einem Jahr bestraft.

---

*) Einfache Ehrenbeleidigungen (unter Zivilpersonen) sind nur nach § 133 des VerwStG. strafbar.

2. Mit Freiheitsentziehung von einem Jahr bis zu 5 Jahren wird der Täter bestraft,

a) wenn er eine im Absatz 1 angeführte Tat gegen eine militärische Wache begeht,
b) wenn er eine solche Tat mit einer Waffe oder gemeinsam mit wenigstens zwei Personen begeht,
c) wenn er durch eine solche Tat den Beleidigten an der Gesundheit beschädigt, oder
d) wenn ein anderer besonders erschwerender Umstand vorliegt.

Dritter Abschnitt.

Strafbare Handlungen gegen Pflichten des Wach- und Aufsichtsdienstes.

§ 285.

Verletzung einer Wachdienstpflicht.

1. Wer beim Wachdienst auch nur fahrlässig die Ordnungsregeln dieses Dienstes oder danach gegebene besondere Anordnungen verletzt, wird mit Freiheitsentziehung bis zu 6 Monaten bestraft.

2. Mit Freiheitsentziehung von 6 Monaten bis zu 5 Jahren wird der Täter bestraft, wenn er durch eine im Absatz 1 angeführte Tat den Zweck des Wachdienstes gefährdet.

3. Mit Freiheitsentziehung von 2 bis 10 Jahren wird der Täter bestraft,

a) wenn eine im Absatz 1 angeführte Tat besonders schwere Folgen haben kann oder hat,
b) wenn eine solche Tat eine besonders wichtige Wachaufgabe betrifft, insbesondere wenn es sich um eine Wache handelt, die wichtige staatliche oder militärische Bedeutung hat, oder
c) wenn ein anderer besonders erschwerender Umstand vorliegt.

4. Mit lebenslanger Freiheitsentziehung oder mit dem Tode wird der Täter bestraft, wenn er eine im Absatz 1 angeführte Tat während einer Kampfhandlung begeht und die Tat besonders schwere Folgen hat.

§ 286.

Verletzung einer Aufsichtspflicht.

1. Wer beim Aufsichtsdienst oder bei einem anderen ähnlichen Dienst auch nur fahrlässig die Ordnungsregeln des Innendienstes verletzt, wird mit Freiheitsentziehung bis zu 6 Monaten bestraft.

2. Mit Freiheitsentziehung von 3 Monaten bis zu 2 Jahren wird der Täter bestraft, wenn eine im Absatz 1 angeführte Tat schädliche Folgen hat und der Täter verpflichtet war, diese zu verhindern.

3. Mit Freiheitsentziehung von einem bis zu 5 Jahren wird der Täter bestraft, wenn er eine im Absatz 1 angeführte Tat während eines Krieges oder während einer Kampfhandlung begeht.

Vierter Abschnitt.

Strafbare Handlungen gegen die Pflichten eines Befehlshabers.

Verletzung der Pflichten eines Befehlshabers.

§ 287.

Ein Befehlshaber, der

a) sich mit seiner Einheit dem Feinde ergibt,

b) seine Einheit, seinen Standort oder einen befestigten Ort dem Feinde übergibt, oder

c) während einer Kampfhandlung seine Einheit, seinen Standort oder einen befestigten Ort verläßt,

und nicht zuvor alles getan hat, was die militärischen Regeln ihm vorschreiben, wird mit dem Tode und mit Vermögensverfall bestraft.

§ 288.

1. Ein Befehlshaber, der während einer Kampfhandlung eine ihm anvertraute Befestigung, ein ihm anvertrautes Lager, ihm anvertraute Waffen oder anderes ihm anvertrautes Material militärischen Regeln zuwider nicht vernichtet oder unbrauchbar macht, und dadurch bewirkt, daß sich der Feind ihrer bemächtigt, wird mit Freiheitsentziehung von 10 bis 20 Jahren bestraft.

2. Der Täter wird mit dem Tode bestraft,

a) wenn eine im Absatz 1 angeführte Tat besonders schwere Folgen hat, oder

b) wenn ein anderer besonders erschwerender Umstand vorliegt.

Unberechtigte Bestrafung und Beschränkung eines Untergebenen.

§ 289.

1. Ein Vorgesetzter, der

a) unberechtigt einen Untergebenen in Haft setzt oder sonstwie in seiner Freiheit beschränkt, oder

b) einem Untergebenen unberechtigt eine Disziplinarstrafe auferlegt oder ihm eine nach den Dienstvorschriften nicht zulässige Strafe auferlegt,

wird mit Freiheitsentziehung bis zu 6 Monaten bestraft.

2. Mit Freiheitsentziehung von 6 Monaten bis zu 3 Jahren wird der Täter bestraft,

a) wenn er eine im Absatz 1 angeführte Tat planmäßig begeht, oder

b) wenn ein anderer besonders erschwerender Umstand vorliegt.

§ 290.

1. Ein Vorgesetzter, der

a) unberechtigt politische oder andere Rechte eines Untergebenen oder der Familie des Untergebenen einschränkt,

b) einen Untergebenen quält, insbesondere durch unnötige Erschwerung des Dienstes, oder

c) solche Handlungen bei Untergebenen duldet,

wird mit Freiheitsentziehung von 6 Monaten bis zu 3 Jahren bestraft.

2. Mit Freiheitsentziehung von einem Jahr bis zu fünf Jahren wird der Täter bestraft,

a) wenn er eine im Absatz 1 angeführte Tat planmäßig begeht, oder

b) wenn ein anderer besonders erschwerender Umstand vorliegt.

§ 291.

Verwendung eines Untergebenen für private Dienste.

Ein Vorgesetzter, der unberechtigt einen Untergebenen für private Dienste verwendet, wird mit Freiheitsentziehung bis zu 6 Monaten bestraft.

Fünfter Abschnitt.

Straftaten, die die Kampffähigkeit gefährden.

Sachmittelgefährdung.

§ 292.

1. Wer einen Bestandteil der Ausrüstung, Ausstattung oder anderen Materials, sofern diese Sachen ihm zur Ausübung des Dienstes oder zum persönlichen Gebrauch anvertraut wurden, vorsätzlich dem Verderben aussetzt, beschädigt, unbrauchbar macht oder seiner dienstlichen Bestimmung entzieht, insbesondere indem er Anordnungen über ihre ordentliche Verwahrung und Betreuung verletzt, wird mit Freiheitsentziehung von einem bis zu 5 Jahren bestraft.

2. Wer durch eine im Absatz 1 angeführte Tat einen nur unbedeutenden Schaden verursacht, wird mit Freiheitsentziehung bis zu 6 Monaten bestraft.

3. Wer durch eine im Absatz 1 angeführte fahrlässig begangene Tat einen bedeutenden Schaden verursacht, wird mit Freiheitsentziehung bis zu einem Jahr bestraft.

§ 293.

1. Wer auch nur fahrlässig die Bereitschaft eines Teils der Armee oder einer anderen bewaffneten Formation gefährdet, indem er die ihm auferlegte oder aus der Art seines Dienstes sich ergebende Pflicht verletzt,

a) für die Versorgung mit Lebensmitteln, Kleidung, anderem Bedarf oder Kriegsmaterial,

b) für die Erhaltung solcher Gegenstände in einem Zustand der Brauchbarkeit oder dafür, daß sie rechtzeitig an ihren Bestimmungsort geliefert werden, oder

c) für die ordentliche und rechtzeitige Durchführung von notwendigen Sicherungsarbeiten

zu sorgen, wird mit Freiheitsentziehung von einem Jahr bis zu fünf Jahren bestraft.

2. Mit dem Tode wird der Täter bestraft, wenn er eine im Absatz 1 angeführte Tat während einer Kampfhandlung begeht oder wenn die Tat besonders schwere Folgen hat.

Gefährdung des Kampfgeistes.

§ 294.

1. Wer mindestens vor zwei Militärpersonen durch seine Äußerungen oder auf andere Weise gegen den Dienst oder einen Vorgesetzten hetzt, oder

wer unter Militärpersonen Kleinmut verbreitet oder ihre Kampffähigkeit auf andere Weise unterwühlt,

wird mit Freiheitsentziehung von 6 Monaten bis zu 3 Jahren bestraft.

2. Mit Freiheitsentziehung von einem bis zu 5 Jahren wird der Täter bestraft,

a) wenn eine im Absatz 1 angeführte Tat eine Gehorsamsverweigerung zur Folge hat, oder
b) wenn ein anderer besonders erschwerender Umstand vorliegt.

3. Mit dem Tode wird der Täter bestraft, wenn er eine im Absatz 1 angeführte Tat während einer Kampfhandlung begeht und wenn die Tat besonders schwere Folgen hat.

§ 295.

Wer während des Kampfes

a) eigenmächtig den Kampfplatz verläßt,
b) sich gefangen gibt,
c) den Gebrauch der Waffe ablehnt, oder
d) andere zur Flucht oder zu eigenmächtigem Verlassen des Kampfplatzes auffordert,

wird mit dem Tode und mit Vermögensverfall bestraft.

§ 296.

1. Wer während einer Kampfhandlung

a) eigenmächtig seine Einheit oder den ihm angewiesenen Platz verläßt, oder sich verbirgt, oder
b) eine Waffe oder anderes Kriegsmaterial wegwirft, verläßt, dem Verderben aussetzt oder sonstwie unbrauchbar macht,

wird mit Freiheitsentziehung von 5 bis 20 Jahren bestraft.

2. Mit dem Tode wird der Täter bestraft,

a) wenn eine im Absatz 1 angeführte Tat besonders schwere Folgen hat, oder
b) wenn ein anderer besonders erschwerender Umstand vorliegt.

Unterlassung einer wichtigen Meldung.

§ 297.

1. Wer es vorsätzlich unterläßt, ein wichtiges Vorkommnis, das eine sofortige dienstliche Maßnahme oder die Abänderung eines wichtigen Befehls verlangt, ohne Aufschub seinem Vorgesetzten zu melden, wird mit Freiheitsentziehung bis zu einem Jahr bestraft.

2. Mit Freiheitsentziehung von 3 Monaten bis zu 2 Jahren wird der Täter bestraft,

a) wenn eine im Absatz 1 angeführte Tat besonders schwere Folgen hat, oder

b) wenn ein anderer besonders erschwerender Umstand vorliegt.

§ 298.

Wer es fahrlässig unterläßt, ein wichtiges Vorkommnis, das eine sofortige dienstliche Maßnahme oder die Abänderung eines wichtigen Befehls verlangt, ohne Aufschub seinem Vorgesetzten zu melden, wird mit Freiheitsentziehung bis zu 6 Monaten bestraft.

Sechster Abschnitt.

Strafbare Handlungen gegen Kriegsgebräuche.

§ 299.

Gewalttätigkeit gegen die Bevölkerung.

1. Wer im Raume kriegerischer Operationen raubt, mutwillig Eigentum zerstört oder sich sonst einer Gewalttat gegen die Bevölkerung schuldig macht oder ihr unter dem Vorwand eines Kriegsbedarfs Eigentum abnimmt, wird mit Freiheitsentziehung von 6 Monaten bis zu 5 Jahren bestraft.

2. Mit Freiheitsentziehung von 3 bis 10 Jahren wird der Täter bestraft, wenn er eine im Absatz 1 angeführte Tat als Mitglied einer bewaffneten Bande begeht.

3. Mit dem Tode wird der Täter bestraft,

a) wenn die im Absatz 1 angeführte Tat eine drohende Notlage vieler Menschen zur Folge hat, oder

b) wenn ein anderer besonders erschwerender Umstand vorliegt.

§ 300.

Fledderei.

Wer auf einem Kampfplatz Sachen, die Verwundete oder Gefallene an sich oder bei sich haben, sich aneignet, wird mit Freiheitsentziehung von 6 Monaten bis zu 5 Jahren bestraft.

§ 301.

Gebrauch eines verbotenen Kampfmittels.

1. Wer während eines Krieges vorsätzlich ein verbotenes Kampfmittel anwendet, wird mit Freiheitsentziehung von 6 Monaten bis zu 5 Jahren bestraft.

2. Mit Freiheitsentziehung von 5 bis 10 Jahren wird der Täter bestraft, wenn die im Absatz 1 angeführte Tat besonders schwere Folgen hat.

§ 302.

Wer einen Parlamentär oder in dessen Gegenwart ein Mitglied seiner Begleitung beleidigt, oder

wer eine dieser Personen widerrechtlich zurückhält,

wird mit Freiheitsentziehung bis zu 2 Jahren bestraft.

§ 303.

Rohe Behandlung eines Gefangenen.

1. Wer einen Gefangenen roh behandelt, wird mit Freiheitsentziehung bis zu einem Jahr bestraft.

2. Mit Freiheitsentziehung von 6 Monaten bis zu 3 Jahren wird der Täter bestraft, wenn er die im Absatz 1 angeführte Tat

a) wiederholt oder mit besonderer Grausamkeit, oder

b) gegen einen verwundeten oder kranken Gefangenen begeht.

Siebenter Abschnitt.

Gemeinsame Bestimmungen.

§ 304.

Die Strafsätze zeitlicher Freiheitsentziehung für die in den Abschnitten 1 bis 5 dieses Hauptstücks angeführten Straftaten erhöhen sich auf das Doppelte, wenn die Straftaten in einer Zeit erhöhter Gefährdung des Vaterlandes begangen wurden; diese Bestimmung findet keine Anwendung, wenn das Gesetz einen besonderen Strafsatz für den Fall bestimmt, daß die Tat während des Krieges oder während einer Kampfhandlung begangen wurde.

§ 305.

Straftaten minderer Bedeutung, die

a) im 1. bis 5. Abschnitt dieses Hauptstücks angeführt sind, und bei denen die obere Grenze des Strafsatzes für Freiheitsentziehung ein Jahr und nach der in § 304 angeführten Erhöhung zwei Jahre nicht übersteigt, und

b) im 6. Abschnitt dieses Hauptstücks angeführt sind und bei denen die obere Grenze des Strafsatzes für Freiheitsentziehung zwei Jahre nicht übersteigt,

können disziplinär erledigt werden.

§ 306.

Eigenmächtig entfernt sich, wer

a) sich ohne Erlaubnis von seiner Einheit oder von dem Ort, wohin er dienstlich zugeteilt wurde, entfernt,

b) sich nicht bei seiner Einheit oder an dem Orte, wohin er dienstlich zugeteilt wurde, meldet, obwohl er dorthin gesandt wurde, oder obwohl die Zeit seiner begründeten Abwesenheit, insbesondere bei einer Einsetzung, Versetzung, Dienstreise oder bei einem Urlaub, verstrichen ist,

c) während einer Kampfhandlung von seiner Einheit versprengt wurde und sich nach Wegfall der Ursache seiner Versprengung nicht seiner oder einer anderen militärischen Einheit anschließt, oder

d) nach Rückkehr oder Befreiung aus feindlicher Gefangenschaft sich nicht bei einer militärischen Einheit meldet.

§ 307.

Wenn eine Straftat den Verlust eines militärischen Pfandes zur Folge hat, wird dieser Umstand als besonders erschwerender Umstand angesehen.

§ 308.

Wer sich in den Grenzen seiner Befugnisse einer Waffe nach den hierfür geltenden Vorschriften bedient, macht sich einer strafbaren Handlung nicht schuldig.

SCHLUSSBESTIMMUNGEN.

§ 309.

1. Die vor Inkrafttreten dieses Gesetzes rechtskräftig verhängten Straftaten werden nach den bisher geltenden Vorschriften vollstreckt; die Bestimmungen dieses Gesetzes über Zweck und Vollzug der Strafe der Freiheitsentziehung, über bedingte Verurteilung, Einweisung in ein Zwangsarbeitslager und Strafvollstreckungsverjährung finden auch in diesen Fällen Anwendung.

2. Eine Strafe, die wegen einer Straftat, die weder eine strafbare Handlung nach diesem Gesetz noch eine Übertretung nach dem Verwaltungsstrafgesetz ist, rechtskräftig verhängt wurde, ist nicht zu vollstrecken; die Bestimmungen dieses Gesetzes über die Zusatzstrafe finden in einem solchen Falle keine Anwendung.

3. Die Bestimmung des Absatzes 2 bezieht sich nicht auf Straftaten nach dem Dekret des Präsidenten der Republik Nr. 16/1945 über die Bestrafung nazistischer Verbrecher, Verräter und ihrer Helfer, und über die außerordentlichen Volksgerichte, und nach der Verordnung des Slowakischen Nationalrates Nr. 33/1945 über die Bestrafung faschistischer Verbrecher, Okkupanten, Verräter und Kollaborateure, und über die Errichtung der Volksgerichtsbarkeit, im Wortlaut der sie abändernden und ergänzenden Vorschriften.

Schlußbestimmungen.

§ 310.

Wo die Anwendung dieses Gesetzes von der Länge einer Strafe der Freiheitsentziehung abhängig ist, entscheidet bei den vor Inkrafttreten dieses Gesetzes verhängten Strafen die Länge der Freiheitsstrafen ohne Rücksicht auf ihre Bezeichnung; eine Geldstrafe wird als gleichwertig mit der kürzesten Strafe der Freiheitsentziehung angesehen.

§ 311.

Alle Bestimmungen auf dem Gebiete des gerichtlichen Strafrechts verlieren ihre Gültigkeit, insbesondere:

1. das Gesetz über Verbrechen, Vergehen und Übertretungen, eingeführt durch Patent Nr. 117/1852 RGBl.,
2. das Militärstrafgesetz über Verbrechen und Vergehen, eingeführt durch Patent Nr. 19/1855 RGBl.,
3. das Gesetz Nr. 8/1863 RGBl., betreffend einige Ergänzungen des allgemeinen und des Militärstrafgesetzes,
4. das Gesetz Nr. 131/1867 RGBl., wodurch mehrere Bestimmungen des allgemeinen Strafgesetzes und andere damit im Zusammenhang stehende Anordnungen abgeändert werden,
5. das Gesetz Nr. 42/1870 RGBl. zum Schutz des Brief- und Schriftengeheimnisses,
6. das Gesetz Nr. 43/1872 RGBl., betreffend die Vollziehung von Freiheitsstrafen in Einzelhaft und die Bestellung von Strafvollzugskommissionen,
7. das Gesetz Nr. 108/1873 RGBl., womit polizeistrafrechtliche Bestimmungen wider Arbeitsscheue und Landstreicher erlassen werden,
8. das Strafgesetzbuch über Verbrechen und Vergehen, Ges.-Art. V/1878,
9. das Strafgesetzbuch über Übertretungen, Ges.-Art. XL/1879,
10. das Gesetz Nr. 78/1883 RGBl. über strafrechtliche Bestimmungen gegen Vereitelung von Zwangsvollstreckungen,
11. der Ges.-Art. XXV/1883, über Wucher und schädliche Kreditgeschäfte,
12. das Gesetz Nr. 89/1885 RGBl., womit strafrechtliche Bestimmungen in betreff der Zulässigkeit der Anhaltung in Zwangsarbeits- oder Besserungsanstalten getroffen werden,
13. das Gesetz Nr. 41/1888, RGBl., womit strafrechtliche Bestimmungen in Betreff der Sicherung der Unterseekabel getroffen werden,
14. der Ges.-Art. XII/1888, womit strafgesetzliche Bestimmungen zur Sicherung der Unterseekabel eingeführt werden,
15. der Ges.-Art. XXXVI/1908 über die Abänderung und Ergänzung der Strafgesetze und der Strafprozeßordnung,

16. das Gesetz Nr. 141/1912 RGBl., womit das Strafgesetz Nr. 117/1852 RGBl. abgeändert wird,
17. der Ges.-Art. XXI/1913 über gemeingefährliche Arbeitsscheue,
18. der Ges.-Art. XXIII/1913 über den strafrechtlichen Schutz des Wahlrechts,
19. der Ges.-Art. XL/1914 über den strafrechtlichen Schutz der Behörden,
20. der Ges.-Art. XIX/1915 über die Verfolgung strafbarer Handlungen gegen die Interessen der Kriegführung, insbesondere über die Bestrafung von Umtrieben bei militärischen Lieferungen,
21. das Gesetz Nr. 9/1918 Slg., über die Abänderung des Militärstrafgesetzes und der Militärstrafprozeßordnung,
22. das Gesetz Nr. 269/1919 Slg., über die Fälschung von Geld und Wertpapieren,
23. das Gesetz Nr. 556/1919 Slg., über Änderung einiger Bestimmungen des Militärstrafgesetzes,
24. das Gesetz Nr. 562/1919 Slg., über die bedingte Verurteilung und die bedingte Entlassung,
25. das Gesetz Nr. 284/1920 Slg., mit welchem das Verhältnis der Strafen im Gebiet verschiedenen Rechts festgesetzt wird,
26. das Gesetz Nr. 309/1921 Slg., gegen die Nötigung und zum Schutze der Versammlungsfreiheit,
27. das Gesetz Nr. 124/1924 Slg., betreffend die Änderung der Zuständigkeit der Strafgerichte und der Verantwortlichkeit für den Inhalt von Druckschriften in Angelegenheiten der falschen Anschuldigung, der Verleumdung und von Ehrenbeleidigungen,
28. das Gesetz Nr. 134/1924 Slg., mit welchem das Gesetz Nr. 562/1919 Slg. über die bedingte Verurteilung und die bedingte Entlassung abgeändert wird,
29. das Gesetz Nr. 178/1924 Slg., über das Bestechungswesen und gegen die Verletzung des Amtsgeheimnisses,
30. das Gesetz Nr. 111/1928 Slg., über die Tilgung der Verurteilung,
31. das Gesetz Nr. 31/1929 Slg., womit die Strafgesetze und Strafprozeßordnungen abgeändert und ergänzt werden,
32. das Gesetz Nr. 102/1929 Slg., betreffend die Errichtung von Zwangsarbeitskolonien und die Abänderung einiger Bestimmungen des Strafrechts,
33. das Gesetz Nr. 48/1931 Slg., über die Jugendstrafgerichtsbarkeit,
34. das Gesetz Nr. 123/1931 Slg., über das Staatsgefängnis,
35. das Gesetz Nr. 108/1933 Slg., über den Schutz der Ehre,
36. das Gesetz Nr. 115/1934 Slg., über Umtriebe bei der Vergebung öffentlicher Lieferungen und Arbeiten,
37. das Gesetz Nr. 71/1935 Slg., über die Wirtschaftsspionage,
38. das Gesetz Nr. 66/1941 Sl., über den Schutz der Leibesfrucht, ihrer Entstehung und über die Abänderungen der §§ 285 und 286 des Strafgesetzes und der §§ 423 bis 427 des Militärstrafgesetzes,

39. das Gesetz Nr. 167/1941 Sl., über strengere Bestrafung einiger Straftaten, die unter Ausnutzung der Verdunkelung oder eines Fliegeralarms begangen wurden,
40. das Gesetz Nr. 23/1942 Sl., über den Schutz von Stempeln, Post- und anderen Marken, Wertzeichen und Zeichen,
41. das Gesetz Nr. 150/1943 Sl., über das Bestechungswesen,
42. das Dekret des Präsidenten der Republik Nr. 3/1945 Slg., wodurch einige Bestimmungen des Militärstrafgesetzes und des Wehrgesetzes abgeändert und ergänzt werden.
43. das Dekret des Präsidenten der Republik Nr. 38/1945 Slg., über strenge Bestrafung der Plünderung,
44. das Gesetz Nr. 165/1946 Slg., über den strafrechtlichen Schutz nationaler Unternehmen, nationalisierter Unternehmen und Unternehmen unter nationaler Verwaltung,
45. das Gesetz Nr. 27/1947 Slg., über den strafrechtlichen Schutz der Durchführung des Zweijahres-Wirtschaftsplans,
46. das Gesetz Nr. 40/1948 Slg., über den strafrechtlichen Schutz gegen Brände,
47. das Gesetz Nr. 88/1948 Slg., mit welchem die Strafgesetze und die Strafprozeßordnungen abgeändert werden,
48. das Gesetz Nr. 231/1948 Slg., zum Schutz der volksdemokratischen Republik.

§ 312.

Dieses Gesetz tritt am 1. August 1950 in Kraft; seine Durchführung obliegt allen Mitgliedern der Regierung.

Gottwald e. h.
Dr. John e. h.
Zápotocký e. h.

Široký, e. h.

Fierlinger e. h.

Dr. Ševčík e. h., zugleich für Minister Dr. Šrobár

Armeegeneral Svoboda e. h.

Dr. Dolanský e. h.

Dr. Čepička e. h.

Dr. Gregor e. h.

Nosek e. h.

Kopřiva e. h.

Kabeš e. h.

Dr. Rais e. h.

Kopecký e. h., zugleich für Minister Dr. Nejedlý

Kliment e. h.

Duriš e. h.

Krajčír e. h., zugleich für Minister Erban

Petr e. h.

Dr.-Ing. Šlechta e. h.

Dr. Neuman e. h.

Plojhar e. h.

Ing. Jankovcová e. h.

SACHVERZEICHNIS

(Die Zahlen bezeichnen die Paragraphen des Strafgesetzes.)
E 7 bedeutet: Einleitung Seite 7.

MIX
Papier | Fördert gute Waldnutzung
FSC® C083411

Kolibri 360 GmbH
Ferdinand-Jühlke-Straße 7
99095 Erfurt, Deutschland
produktsicherheit@kolibri360.de